活著，就是要勇敢

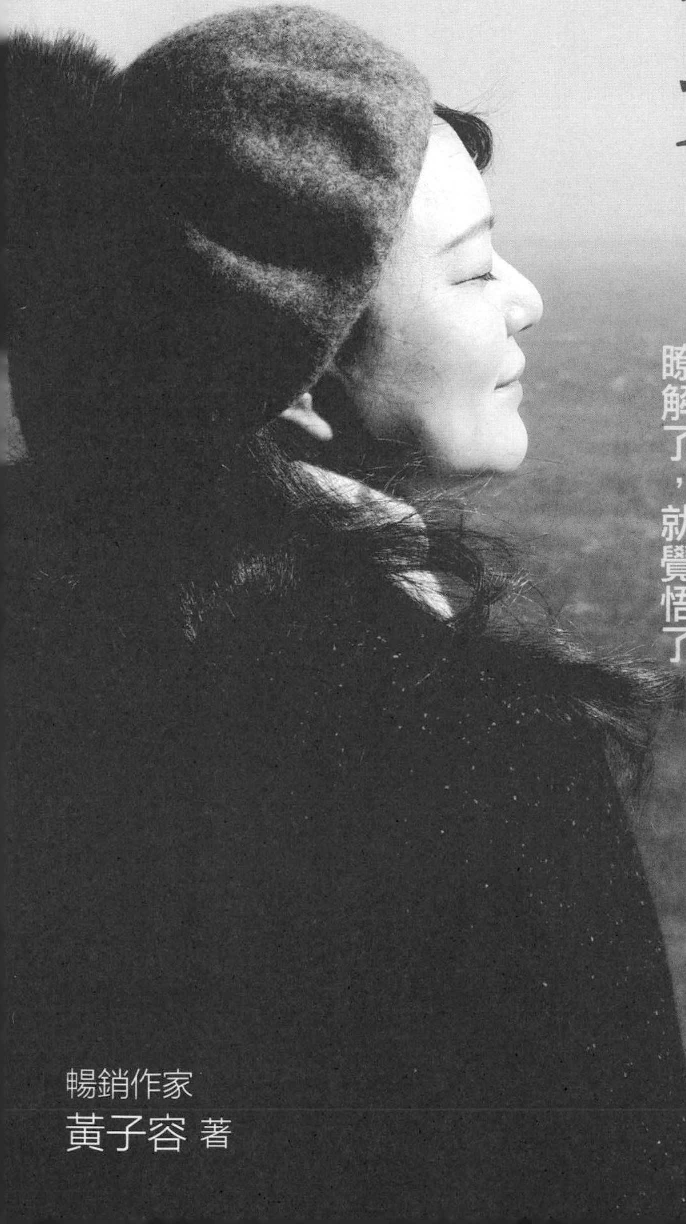

人生，是為了體驗而來
受苦，是為了學習而來
接受了，就不苦了
瞭解了，就覺悟了

暢銷作家
黃子容 著

活著，就是要勇敢

黃子容

活著，就是要勇敢。

勇敢，就能好好的活著。

很多人來參加座談會問事，也許都是因為自己在生活當中遇到了一些困難或者挫折，所以想來參加座談會尋求一些協助或答案，或是可以幫助自己重新思考新的方向。

最常在座談會聽見大家提到一個問題：人生為什麼那麼苦？

有些人也會問，要怎麼樣做，可以讓人生不苦？

我想這個問題是很多人心中的疑問，我們的人生為什麼這麼苦？到底要怎麼做才可以減少人生當中的苦痛？

你的答案是什麼呢？

我的回答是：人生哪有不苦的，人生本來就很苦。

大家對於我這樣的回答，起初，很多人是無法接受的，因為大家總是覺得，遇到了苦，就是要想辦法讓自己不苦，所以才會來問事。

現在我回答說，人生本來就是苦的。

當然，很多人是無法接受這樣的答案。

但我必須要說，人生真的很苦，既然我們不能夠排除所有的痛苦，就應該要努力的學習接受這些苦。

因為人生當中本來就是有很多苦痛串連在一起的，而這些苦痛，是為了幫助我們學習跟成長，當你在這些苦痛當中，學習到了某些課題的時候，你願意接受這些苦的當下，就是明白了苦從何而來。

瞭解苦痛的來源之後，今天的我們，就能夠學習接受這些苦，然後放下這些苦。

我還是要說，人生沒有不苦的。

每一個人，生活當中所經歷的事情，都是苦痛摻雜在一起的，有歡笑有淚水的交織，串起了人生的智慧。

有了這些苦，才能讓我們珍惜現在當下的人生，有了這些苦，我們才能珍惜快樂的時候，也才能延伸出解決苦痛的智慧，因為你覺得苦，所以不想再苦，因為經歷了苦，所以你不會忘記這些苦。

人生沒有不苦的，當你開始意識到這個問題的時候，就是你懂得接受吃苦人生的開始。

你會懂得勇敢，學會堅強，然後接受這些苦，讓自己茁壯起來，不讓這些苦吞噬你的人生。

你會知道如何瞭解苦痛，接受苦痛，化解痛苦。

也許，只是一個念頭的翻轉，就能讓你的心，不再受苦。

有時候你會發現，常常受苦的人，未必是生活環境當中真的遭受到了苦痛、折磨，有的時候是心裡苦，讓自己過不去，鑽牛角尖，所以產生了心中的苦。

因為一個想法，因為一個念頭，讓自己的心糾結其中，苦不堪言，這種愁苦讓自己心裡過不去。

有的人抑鬱而終，有的人受不了心中的愁苦而結束了生命，有的人一輩子都活在苦痛當中，不是真的生活中的物質缺乏讓他活不下去，而是苦痛讓他的生存全是苦，而不想活下去，或是太苦，無法接受苦的事實，而活不下去了，這是心念的糾纏，真的讓人好苦好苦。

這樣的苦串聯起來，比生活環境當中所遭受到的苦，更是一大折磨，環境當中的苦，只要能夠有所改善，有所滿足，就能抽離苦的因素，容易讓人轉苦為樂。

但是心中的愁苦，要化解，要抽離，要釋懷，卻不是一件簡單的事情。

如果心中不能夠接受苦痛的事實，人會有憤恨的情緒，若憤恨的情緒難以釋懷，讓人耿耿於懷，就無法接受與放下。

所以心中的愁苦，比外在給予的痛苦，還要來得更苦。

所以我們知道，要真正的得到快樂，必須先化解心中的苦。

當你瞭解到人生沒有不苦的，就是一個學習接受苦的開始。

也許你剛聽到這句話，會覺得很不舒服，會覺得不想要接受這些苦，你會想要抗爭，你會想要努力，這些反應都是非常好的，讓你知道不要被苦淹沒了，需要努力讓自己振作起來。

當你接受人生就是苦，不是一種消極的態度，而是你知道人生必須要有更多的努力，讓這些苦一一散去。

這反而是積極的心念，讓你自己學習接受，放下自我強烈意識的糾結。

你會明白這些苦，真的全在一念之間。

如何讓你自己不覺得苦，其實也在一念之間。

我們都要勇敢面對生活，我們都要勇敢活下去，唯有勇敢，可以讓我們活得更好、更精采，更值得擁有生命。

為了你自己，你一定要勇敢。

勇敢的活著，勇敢的愛著，勇敢的改變你自己。

自序

生滅覺悟

目 錄

勇敢愛著

生滅覺悟

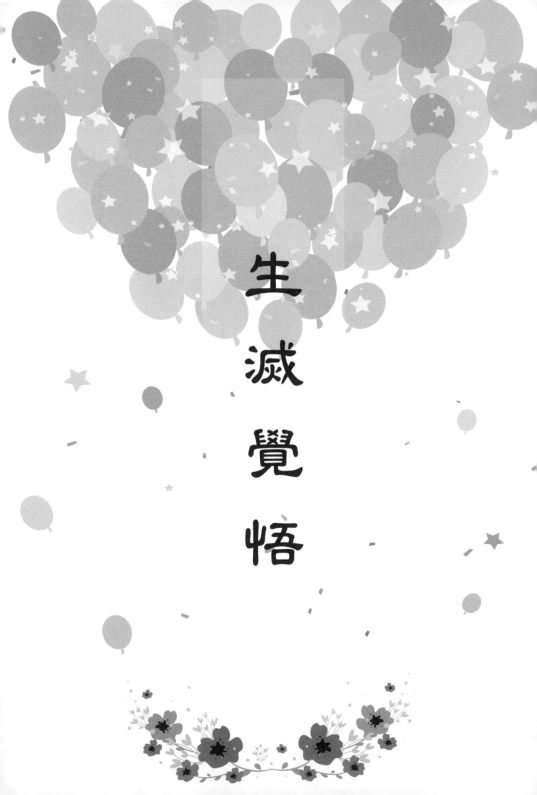

生之初

人生是一場從「無」到「有」、再從「有」到「無」的過程。

這個生命的過程，是需要體認生命的意義，並深入體會生命的過程與學習接受生命最後歷程的結果。

菩薩說，我們都需要想一想的是，生命的所有過程，我們此生為何而來？又是為了學習到什麼樣的課題，來完整我們的生命？

在我們還未決定投胎的時候，我們的念頭是「無」，沒有存在任何的意念與想法，是一個「無」的念頭與想法。

生命本來就是「無」的開始，在投胎之始，沒有想到什麼，沒有想到要做什麼，就是生命的開始，努力活著，感受著。

所以當你「有」的開始的那一瞬間，其實就是投胎的開始。因為那時候，已經有了此生要投胎認真學習的使命跟決心了，所以那時候，是帶著非常正向豐富的「有」而來的，而這個「有」，是充滿著正向、正念的。

這裡講到的「無」，並不是說「有是不好的」，而是說，我們在看待生滅的過程，是怎麼樣有「生」有「滅」的，怎麼樣有「無」跟「有」的。

當我們在決定投胎的時候，其實就已經肩負著某一些使命跟原因而來了。你在投胎的那一瞬間，其實也背負著、賦予著父母親在這一世想要給你的愛，所以一切都是正向的。

有的人會說：投胎的時候是苦的，是痛的。那是因為我們後來的人給他解釋成有很多的責任、承擔，我們認為，承擔責任跟面對挫折，是一件很苦的事情。

但菩薩在看待人們擁有這些學習過程的時候，菩薩是喜悅的。

當一個人的靈魂從他在天上，也許做他該做的事情，到了他願意下凡到人間來，受苦受難也好，學習也好，他從一個「沒有」的過程到「有」，其實都是一個很認真、正向在學習的過程。

菩薩在看待這個過程的時候，其實是非常歡喜的。所以，在迎接每一個生命的開始，都是歡喜的，包含我們人對於一個新生命的到來，都是歡喜的。

後來，為什麼人要去解釋嬰兒一出生就哭了？

有人說：「嬰兒一出生就覺得很苦！不想要再投胎來當人了，當人很苦，所以哭了。」

我們剛開始下凡來投胎的時候，初生之始，醫護人員打寶寶屁股，讓他哭，那只是一個反應，不是嬰兒在說苦，不是他們不想要來到這世上，不是在喊苦。

人在一剛開始投胎的時候，其實是擁有著很多的喜悅、很多正向的能量。

但後來會變成苦的原因，絕對是因為在人世間當中，你本來是很高度期待在人世間當中可以學習、可以經歷、可以感受的，卻沒想到這一連串的經歷、學習、感受，是需要這麼多這麼多的智慧去累積跟改變自己的。

你原始天生下來的那個靈魂，在這一世被修正、被琢磨到了圓融，難免有些苦。

可能原本你生命有很多的堅持，到最後學習了「不要那麼堅持」的過程，從固執到隨緣的過程，我們改變了很多，接受了很多。

你會發現，一個人被生活裡的這些人事物給消磨殆盡了，到後來，隨緣了，什麼都好了，什麼抗爭動力也隨心了，但他卻不是消極的，是積極的，而且他已經知道，「接受」本來就是人生當中，很重要的一個生存的條件。

我們先來說說投胎的那一個階段。

菩薩在看待一個生命的時候，祂永遠都是很喜悅、很開心、很快樂的去迎接一個生命的到來，因為這個生命很樂意、很樂觀、很開心的要去投胎變成人了，所以菩薩是非常歡喜的送這些人去投胎。

菩薩在讓這些人下凡去人世間的時候，祂是開心的。

結果沒想到，人在經歷這些過程之後，開始喊苦，開始呼請菩薩。

菩薩為什麼會心疼眾生之苦呢？

因為覺得：「人生所經歷的這些苦痛，不是一件歡喜的事情嗎？可以學習，可以經歷，就算有痛苦，不是應該也是一個很愉快的學習過程？」

因為菩薩具有神性，祂以為人在下凡的時候，可以保留這樣的神性、覺性，但沒想到，人因為受到了太多的苦難，一直不能念轉，所以會開始覺得人生很苦。

所以，我們為什麼要努力的告訴大家要念轉，其實是把靈魂投胎下凡來，最原始的那個純真與動力找回來。

為什麼菩薩很慈悲的很想要幫助大家？

菩薩說，剛開始看到這些人這樣下凡去的時候，大家都在說苦，菩薩忽然間有一種感覺，就是：難道我讓他們下去是真的讓他們受苦嗎？為什麼大家回來反饋給我的都是：「菩薩，我好苦喔！我在下面當人，我好苦喔！」

菩薩認為：這不是一個很愉快的學習過程？為什麼反饋給我的，變成是在人間煉獄裡面受苦？

所以，菩薩開始要慢慢地給予這些人很重要的觀念，就是告訴我們：「不苦！不苦！因為菩薩在！你們所經歷的很多苦，菩薩都在，菩薩跟你一同經歷了。」

所以，才會告訴我們要一直不斷地念轉，念轉可以改變你的人生，改變你的態度與想法。

你下凡來當人，如果你今天的靈魂在下來的那一剎那間跟現在，都還是：「沒關係！這就是我要接受的人生，我就是下來學習的。我會遇到這個背叛，我會遇到人家不喜歡我，我會遇到那……都是很正常的」，那麼，這個靈魂就沒有受苦！

因為就算你遇到苦了，你也可以用念轉把它化過去，所以，你投胎到這一世，就算到六十歲，你的靈魂都還是會覺得：「這沒什麼！很好啊！我以前年輕的時候經歷了那些，現在經歷了這個，現在這樣子，我也很好啊！我得了癌症或什麼，我也很好啊！因為我快回家了啊！」

所有的過程都是正向的。

但人因為太在意人的感受、想被尊重、要求別人善待自己，一直把所有想法集中在自己身上，放大了自己，覺得自己是人，但卻忘了我們有靈性，所追求的應該是精神層面的。我們越來越看重肉體，越來越看重物質，往往讓自己受了更多的苦。

我們怕別人欺負我們、傷害我們，就開始對人起爭執：「你看我！你瞪我！你拍到我！你撞到我了！」

開始把自己這個人內在本來是純真的靈魂，慢慢的變到肉體感受，慢慢在意物質享受，害怕失去今生所擁有的事物、地位、目標，追求的東西也就越來越實際了，忘卻了我們人應該要回到靈性、悟性。

所以一般的人，菩薩一定會讓他在人世間當中翻滾、折磨很久後，還是不讓他忘記學習的重要。

往往你最在意的，都是你最容易感受到痛苦的部分。

生之初，在於念，在於正向，生之初的喜悅感受，從靈性開啟，從悟性開始，體驗了人生，就能好好的擁有規劃人生的權利。

認識菩薩

有的人很輕鬆、很順利、很有緣的在二十幾歲就認識菩薩了，他知道他認識菩薩之後，要開始做一些改變。

有的人到了紅塵滾滾，到了四、五十歲，他還不見得願意放下，他就算認識菩薩了，他還執著在他的點上，覺得：「菩薩祢就應該幫我啊！不然我叫祢菩薩幹嘛？祢叫我恭請菩薩，為什麼菩薩都沒來幫我？又沒改變什麼！菩薩說我會怎麼樣，為什麼沒有？」

這樣的抱怨是有的，而且是多的，一般人也大多會有這樣的想法。

覺得菩薩在，菩薩既然這麼慈悲，怎麼可以讓人受苦？

我想你一定也聽過身邊的人，有過這樣抱怨的想法或是聲音。

在這些人生經歷的過程當中，其實所有的好與不好，都是自己的，沒有人可以幫你，所有的決定，所有的經歷，所有承擔後的結果，都是自己的，你必須先有接受的心，才能讓自己過得更好。

菩薩為什麼會叫我們恭請祂？有人認為，恭請菩薩，菩薩就一定要幫他，如果不幫他，幹嘛相信菩薩，相信神明？

其實，恭請菩薩是因為你唯有跟菩薩連結，你才能夠慢慢慢慢的從你自己內心堅定你對菩薩的信仰。

那個信念，其實是你自己對自己的，不是對真正的菩薩。

因為菩薩聞聲救苦，如果你看不見，你就不相信了嗎？

這個信念，是自己對自己的：「我相信，是因為我相信。」

所以，那個相信是你自己對自己的，不是其他人的，也不是因為今天菩薩要示現在你面前，你才要相信祂。

是因為你相信了這個信念，相信了有菩薩真實的存在，所以你覺得：「做任何事情，我都要對菩薩交代，我知道菩薩會看，所以我不會做壞事，我不會說什麼，也不會去傷害別人。」

是因為你相信，這個力量在你心中，它就會變成一個很強壯的力量的循環。

為什麼菩薩要有這樣的安排，讓有些人可能在很早之前就認識菩薩？有些人認識了菩薩，他會堅定他的信仰，他會知道他該怎麼做；而有些人就算認識了菩薩，他還是做自己想要做的事情，那就是所謂的因緣際會。

就像很多人知道，警察拜關聖帝君，小偷、強盜、黑社會，也拜關聖帝君。其實，這就看神明在你心中，到底給了你什麼樣堅定的信仰？

你要神明保佑你有能力多做善事，還是保佑你做壞事不被抓到？

認識菩薩的開始，是一段善緣的開啟，所有的好事好運，都在此連結，因為相信菩薩，所以也堅定了你對自己的信仰。

你相信自己會越來越好，那麼，努力的讓自己變好，也是認識菩薩之後對自己的一種要求，對自己的承諾。

人生，在認識菩薩之後，一定要有改變，你能變得更好，變得正向，才是對菩薩最大的回報。

菩薩是慈悲的，祂不忍眾生受苦。

你不想受苦，就先努力用自己的能力，讓自己的心，不要受苦。

拯救你的人，永遠都是先從自己開始，才有資格要求菩薩來幫助你。

別讓自己苦

對於自己經歷的人生，我們願不願意放下過去世的執著，從自己的心念開始。

這個過去世還包含了你現在的前半生，你能不能放下你以前經歷的，包括你所有的固執與執著？

放下那些榮耀，放下那些委屈，放下那些悲傷與難過。

假設你現在離婚了，你情傷了，你能不能放下你所經歷的這些？

可不可以把這些痛都拿掉？不要把它們當作包袱，別讓它們緊緊跟隨著你。

放下它們吧！

你可以試想，這些經歷沒什麼！它不過就只是我過去經歷的事情而已。

人為什麼會一直在過去的痛苦回憶當中翻滾？

是因為一直不斷地把以前的事情拿出來告訴自己說：「我告訴你，我以前經歷過那件痛苦的事情，而且痛還在。」

你可以講，但你在講的時候，應該就只是對一個事件的敘述，「我曾經經歷過了」，你可以如同故事般的來敘述，一個你曾經經歷過的故事，現在的你，雖可以感覺到當時的痛楚，但現在不會有痛苦。

現在的你，當你訴說曾經歷過情傷，心情上，會不會有太大的浮動與波瀾？如果沒有，那才是真正經歷過，而且一切都過去了。

所有的人都應該要學習：一件事情若已經發生了，就已經在那一秒鐘的當下，過去了。

但很多人沒有辦法讓東西跟事件過去，他很在意：「那件事情不應該發生的！所以，我到現在還要想辦法，看看有沒有可能去改變那個可能會發生與不會發生的事情。」

事情都發生那麼久了，事情都過去了，你還在想！

他覺得他應該要有能力去阻止這一切，卻不能夠去告訴自己：「它已經發生了，我要去接受它。」

太多人不願意接受，以致於讓自己的心變得很苦很苦，一直不斷地用過去已經發生的事來煎熬自己，這都是一個很痛苦的過程。

為什麼有些人可以很輕易的放下？

是因為他已經認知到這些事情「不可挽回」、「沒辦法」，還有他接受了，人的確沒有辦法控制所有的事情，他知道人的能力是有限的。

人的能力是有限的，但人的信念是無窮的。

人的能力是有限的，是因為有很多事情我們做不到。

例如：我們無法控制別人，無法操控這件事情不要發生。

無能為力阻止這場火災，無能為力阻止這場意外的發生……我們都是無能為力的，我們能力是有限的。

但是我們的信念是堅強的，這個信念在哪裡？

這個信念在未來。

「我相信我已經發生了這件事情，我不會讓這件事情再發生了。我相信我已經有這麼不好的事情發生了，我不會再不好運了。」

這個就是對未來的信念。

我們永遠沒有辦法去阻止已經發生的事情，但我們卻可以把念力用在未來期待不要再發生。

就算再發生了，我們也可以用很積極、正向的態度去面對它，而且找到智慧的方法。

已發生了的，我們都無能為力去阻止，我們只能把傷害減輕到最低，並想辦法去處理它。

為什麼菩薩一直告訴我們：要接受，人必須花時間去讓事情有因果的發展、發生，也就是說，很多事情是需要時間去醞釀的。

你必須學習等待。

你必須給這些事情有更多的時間。

有的人會說：「既然我是會懷孕的，我既然是會生小孩的，那麼，早在八年前菩薩就應該讓我馬上懷孕的，為什麼要讓我等到現在？」

如果沒有等到現在，你會珍惜現在嗎？

如果沒有現在，也許你現在的信念沒有以前那麼堅強。

如果你沒有經歷這些，你不會知道：原來懷孕的過程會這麼受苦。

沒有經歷過這一段，也許你不知道：原來很多事情不是只有靠堅持，它還需要很多的願意改變因素在裡面。

假設，八年前就讓你懷孕生子了，你不會知道原來你身邊有這麼多的朋友，真心的為你祈福。

經歷了這八年，你可以看見身邊的這些朋友，他們沒有利益交換，是真心一起祝福你及陪伴你的人。

很多事情都必須要拉長時間的，用時間去證明我們看見了某些情感的存在。

所以，為什麼很多人都要馬上看見結果，卻不能學習等待時間，讓它醞釀而生，等待它孕育而成？

投胎是一件很完美的事情，當了人，是一件很快樂的事情，因為你有人身肉體可以去體驗。

有人說：人生很苦！人生很苦！

菩薩都會說：人生真的很苦！而真正的苦，是你經歷了這些苦還不能學習到什麼，這才是真的苦。

你如果不要想要控制它、改變它，你就不會覺得它很苦。

當你想要擁有什麼的時候，如果你真的擁有了，你還會覺得很苦嗎？

不會！因為你覺得心想事成了，所以不苦了。

可是為什麼你會覺得苦？是因為你要的，想要的，卻要不到！所以覺得好苦！

那麼你為什麼「要」，讓自己受苦？

是因為你「要」了，所以你讓自己苦了。
當你不「要」的時候，什麼都不會苦。
所以當人有欲念的時候，其實就是有苦的開始。
有的開始，其實就是自己創造自己痛苦的開始。
別讓自己苦，就先從自己的欲望與念頭開始。

斷捨離

菩薩為什麼說，從無到有，是欲望的開啟？

因為人有了什麼，就會想要有了還要更好，擁有好的還想要更多。

然後，在越來越多的情況下，接下來，你不能再擁有更多更好的時候，便無法再有擁有的感覺了。

因此，你一定要開始慢慢的減輕自己的欲望，開始放下某些東西，開始捨棄什麼。

所以斷捨離，是很重要的，它不僅用在物品上面，它還用在我們人的思想及我們的欲望上。

當你能夠捨棄、能夠給予別人越來越多的時候，或是自己沒有擁有的時候，也不覺得那是苦，這就是一種開始失去的過程。

人生從無到有，從有到無，就是在擁有之後，要開始慢慢學習接受失去。

過去，你從年輕到有了成就，從有工作到退休，都是一個從擁有到失去的過程。

年輕時擁有健康，年老了之後，慢慢失去了健康，直到最後生命的消逝，都是一個從有到無的過程。

如果不能看清，人生就會開始痛苦。

每一個人的人生都開始走進另外一個階段，你正在接受跟體驗人世間當中從無到有、從有到無的過程。

當人沒有了之後，才會開始學習、懂得珍惜的感受。

當一個人生命將盡的時候，才會想到：「生命是如此可貴！原來我的生命是這麼的短暫。」

可是，當你活在當下的時候，為什麼不去感覺生命？

其實，生命的每一分鐘、每一秒鐘都值得被好好的珍惜著。

一分一秒的逝去，都是我們的生命在消逝。

你在臨終的時候，你會覺得，你那一分鐘很重要，因為你沒把話說完；可是，我們現在擁有許多的一分鐘，為什麼你在這個時候不懂得珍惜？

不要等到即將失去了，才知道生命與時間的可貴。

很多人都說：「愛要及時。」

可是，當你身邊的人陪伴在你身邊時，你為什麼不懂得要及時的去愛他們？等到他發生了意外，等到他生病了，等到他怎麼了，你才說：「我有很多的愛來不及對他說。」

在這個當下，我們現在所擁有的時間，是臨終前的幾千萬倍，甚至於幾億倍，可是，為什麼我們現在卻不懂得好好去珍惜現在這個當下，然後還說：「我們應該要好好的珍惜生命。」

事實上，我們一點都不珍惜我們的時間，不珍惜我們現在所擁有的。

如果你可以把你現在所擁有的生命當作是最後一秒鐘在看待、在過活的話，你每一分鐘都會是臨終前重要的一分鐘。

我相信我們會像菩薩所說的，會好好的珍惜現在當下的每一分鐘，因為我們知道：「我現在跟你碰面，未來，我可能不會再有這機會了，所以，我要好好的把握現在可以跟你相處的時間。」

然後，過了就要看開，就要懂得放手。

這是一連串的，不斷的學習接受、學習放手的過程。

生滅都是覺悟

人生是一場生滅過程的覺悟，是從生到滅的過程，不管如何，都要去體驗生的喜悅。

出生，每一個人都是開心的，我們現在活著，應該都要開心。

不管你現在呼吸得到空氣，吃得到什麼，跟朋友的相處，可以來上課，這些都是喜悅開心的。

例如：就算忙了一天的座談會，但這麼多的人在我們大家合力的幫忙下，他們可能因為上課，而更瞭解自己了，更知道未來要做什麼了，或知道自己內心的苦被菩薩聽見了。

上完課之後，這些人在得到的當下，我們都很有福氣的跟他們一同分享、聽到了屬於別人身上不同生命的體驗。

有的人很辛苦，有的人很努力的承受，有的人甘之如飴，有的人有很多發洩的方式，這就是一種體驗，我們在他們身上學習到了，他們的經驗也給予我們很多智慧的啟迪。

我們可以慢慢的從體驗當中，去接受無常的安排，以及無常的訓練，當我們更努力學習之後，我們就越能夠幫助自己與他人，在面對無常的時候，也越能夠泰然。

有跟沒有，其實都不重要，最重要的是我們看見了什麼，我們感受到了什麼。有的時候，我們把自己身上的點，放得太大了，以致於我們看不見自己生命的過程。

菩薩賦予我們這個生命，在這個生命的當下，應該要拿來做很多很多的事情。

可是我們卻把重點放在，這個人喜不喜歡我，現在的工作能不能讓我賺到錢，我能不能在這個社會上安定下來？

諸如此類的想法，很多很多，其實未必不好，只是當我們太在意之後，可能會更失望、受傷。

我常常發現，有些人來問事的時候，很在意自己的工作。

坐在辦公室裡面，每天想著升遷，每天想著業績。

當然，這是每一個人辛苦的過程，每一個人都有選擇。

我很想坦白說一句話：其實，人就算當清潔工，就算當工友，就算幫別人掃地一輩子，我都覺得多好啊！與世無爭。去做自己該做的事情，我還能生存，不就很好了嗎？我知道這樣的想法，很多人覺得消極。

但我總覺得，有一份工作好好做，可以做一輩子，都是偉大的工作。

職業真的無分貴賤，能夠用心好好做一份工作，都是高尚而且值得被尊重的，不是賺的錢多，就是高尚或尊貴。

人生不是總要汲汲營營的一定要去求到完美，求到最好。

如果我們都可以安穩的在現在的位子上這樣做，就算做一輩子，也很好，只要人家願意給我們一個機會。

如果人家不願意留下我們，我們再去別的地方做，沒關係，也很好！這也是一種生滅的過程。

我們所有的決定，包含我們感冒了，也是一個生滅的過程，從有到無、無到有，都是一個循環。

我們可以把這個生滅的過程，放到任何一個人或事件上，都是一個生滅的過程。

你跟這個人現在很好，但可能下一秒鐘他不跟你很好，這便是一個生滅的過程。

你會很在意嗎？你在意了，你就會覺得：「在他心目中，我怎麼沒有誰的地位重要？他怎麼不在乎我？他要做什麼事情，怎麼都不來找我？怎麼會去找別人？」

如果你有這樣的想法，就會讓你自己痛苦。

但是，如果你把它當作是一個順其自然的過程，也就是隨緣，隨緣就會讓別人很自在，隨緣也會讓別人沒有壓力，它就是一個很完美的和諧關係。

如果我們可以把生滅的過程，放在日常生活裡的相處關係中，放在生命當中大大小小的事情裡，你會發現，在看待這些事情的當下，你會更輕鬆，更自在，也會更容易。

然後，就算發生了，你也會覺得沒關係。

人生當中，就會變得沒有什麼東西可以爭、可以計較，你的人生絕對會比別人更順利，至少你沒有別人所謂的苦，眉頭不會糾結在一起，也不會為了某一件事情一直在心裡罣礙著，走不出來。

生滅都是覺悟的過程。擁有了，失去了，都是學習。有，未必很好；沒有，也未必不好。

接受了生滅，就是接受了無常的安排。

這需要學習，更需要智慧念轉。

有佛法，就有辦法

人間只要有佛法，很多事情自然有辦法。

為什麼要接觸佛法？

對於很多人的執念，菩薩一直不斷地在想，要怎麼樣讓這個人可以化解他的怨念，化解他的執著。

所以，菩薩會在我們上課的時候，講很多故事，想透由這些故事，讓佛法可以很生活化的進入到人的心裡面。

有的人可能會覺得說：菩薩講的話怎麼千篇一律都是一樣的，講的內容幾乎都是一樣的？

那是因為有很多人他懂了，他離開了；他不瞭解，他來了。

我們必須要用很多不同的方式、不同的例子，講了又講，說了又說，一再地提醒大家。

這還是一個生滅的過程：講了，完了，又來一遍，再來一次。

生命就是這樣，你在投胎的時候，當下不瞭解，當生活一段時間後，你瞭解了生命，然後，你又離開了，下一場生命，又是一個新的開始。

在這些生滅過程當中，其實，我們都一直不斷地在學習。

接觸佛法很好的原因在於：我們就是在這個生滅的過程當中，體驗、學習如何讓自己平靜，並安慰自己。

那個安慰，那個智慧，就是佛法。

佛法就是告訴你：「你要接受啊！你要接受！這就是人生！這就是人生！」

你如果願意接受這就是人生，你對於人生就不會有太多的看不開，知道不用有太多的欲念與妄想，因為永遠都不會夠的。

你今天的欲望也是一樣，在生滅的過程當中：有了，滿足欲望；沒有了，再生一個欲望；失去或不曾擁有，都會為你帶來痛苦，就這樣，一直不斷的循環著。

欲望也是一直不斷經歷生滅的過程，而這生滅的過程，不是讓你學會釋然或放下，這個欲望生滅的過程，只是讓人心更加地煎熬而已。

所以，我們一定要瞭解到：當你的欲望出現的時候，絕對不要讓欲望有生滅的過程。當你有欲望生出來的時候，你就要告訴自己：它不能有那個過程，你要馬上把欲望滅掉。

如果你不馬上去除掉這樣的念頭，當它在生滅延長過程中不能得到，你就會痛苦；得到了，就會滿足，滿足了之後，就會越來越自大，越來越高傲，想要的也會越來越多，這些，都只是欲望的增加而已。

當你的欲望馬上被消滅的時候，如果是外在消滅，得不到的，你會產生痛苦；但是，如果是你自覺性的瞭解了生滅的過程：「我有了這樣的念頭，不應該！我自己把它滅掉。」你不會有痛苦，因為你知道那是不應該的，就不要有，就好了。

不曾有，也不要有，這過程沒有痛苦，因為你有覺性出來了，這個覺性是因為你之前先悟了。

所以，接觸佛法很重要，佛法讓你心清淨，讓你知道，得不到不是你的錯，不是你不好，而是你不需要。

佛法的傳遞，是為了讓人心安定，讓人瞭解到更多解脫的辦法。有了佛法，佛法在你心中產生了慈悲，產生了同理心，就能衍生出更多安慰心靈的方法。

所以說，有佛法，便能夠安定人心。

當你遇到了困難、挫折，只要讓佛法進入心中，有佛法，就有辦法。

事事都有難關，人人都會遇到難關，有了佛法，你會讓心中的難關過去，會讓心中的難過過去。

有佛法，就有辦法。

生命的輪迴

有人問：「我們人生的輪迴，到底對我們人是一種教育？還是一種懲罰？」

當然是教育！

如果你認為那是一種懲罰的話，那是你用自己的方式去看待這件事情。它一定是一種教育，教育我們的靈魂越來越慈悲、越來越有智慧。活在這個當下，不可能沒有被受教育，不可能沒有吸收知識，不可能沒有承受結果。

如果你認為所有事情的發生都是一種懲罰的話，你人生所有的事情都會趨向於你做一件事情就會受到懲罰，生病是一種懲罰，肥胖是一種懲罰，失眠是一種懲罰，失去朋友、被背叛，你都認為那是一種懲罰，但其實不是！

我所講的這些，生病也好，肥胖也好，失眠也好，它都是一種教育跟禮物，告訴你要珍惜生命，要注重健康，要珍惜朋友，要能夠休息的時候就休息，不要煩惱這麼多，才不會失眠……等等，都是一種教育。

可是，我們人在看這些事情的時候，想法就會偏頗了。

很多事情都有一體兩面，如果你是用負面的情緒去看待因果輪迴的話，你所遭遇到的，你都會認為是不好的。

但有些人他所遭遇到的未必是好事，他發生車禍，他斷了一隻腳，這隻腳再也沒有辦法好起來就被截肢了，但他認為自己的人生還剩下一隻腳，還可以走，有什麼關係！「我還可以做一些事情，手還可以做事！」所以，是取決於看人怎麼想這件事情。

如果你認為，人生對你來說，輪迴是懲罰的話，那麼，也象徵著你心目中的菩薩是不慈悲的。所以，每一個人生命當中都有很多的禮物。

譬如我身上得了癌症，可是我還可以活這麼多年，這算不算是人生的禮物？我遇到了困難，我還可以立即的得到菩薩的協助，這算不算是一份禮物？

所以，這要看你是怎麼看自己所發生的事情。

人有時候就是會這樣，身在福中不知福，或者是我明明有很多的福氣，可是我總覺得：「為什麼上天要讓我得到這個病！我覺得還是不公平！」其實，對應世界上的許多人，還有很多很多不公平的事情，它本身就是一種學習。

你看到別人光鮮亮麗的那一面，他其實有著很多人生的難題。

有的人身上所擁有的苦，比得癌症還苦。

如果你的苦只是專注在身體健康上的話，你還算是幸運的。

有的人夾雜著面對家人的生老病死、經濟上的問題、情人的背叛、孩子的不孝……很多很多人是同時要處理五、六個問題。

如果你只是專注在自己的身體健康上、心情上的話，其實你是幸福的，就看你怎麼看待。

但菩薩說，祂絕對是慈悲的，祂願意用祂的力量，給予每一個人有重生的機會，也會有奇蹟出現的時刻，但要看人怎麼做。

而你每一個輪迴，每一趟的人生，究竟是懲罰，還是一種學習與教育？這就看你怎麼去看待你現在當下的課題。

「菩薩創出了輪迴，祂的想法是什麼？」

學習！人要累世不斷地學習。

你在這一世學不夠的，就要到下一世去學習。

還有，輪迴不是菩薩創的，有時候，是人自己想要的，人會自己要求下輩子來世還要再見誰。輪迴是靠大家的願力去完成的。

如果你今天做得夠好，你可以跟菩薩要求你沒有來世、沒有下一世，當然可以。

可是你知道嗎？我也曾經上去過，說不再下來了，但我在上面看到曾經是我的家人受苦了，一個念頭，我就跟菩薩講我要下來，就下來了！

所以，其實不是菩薩的問題，是人的問題。

如果當時沒有心軟，你不會下來。

如果當時你可以做得很好，你也可以要求不要下來。
所以，都是人教育的問題，都是人學習成果的發表。
你往生後，就是人生的成果發表。

勇敢的善循環

有人問：「我們來輪迴了很多世，每一世都有自己要學習的功課，假設在學習的過程中，人生態度等等都已經豁達了，為什麼還會一直在一個循環裡面，比如出生、讀書、考試、出社會、賺錢養家、年老、生病、死亡。到底要到什麼時候，我們才能跳脫這個循環，可以找到回家的路？」

我們常常就是出生也很苦，然後求學，然後做了事業，有了事業、有了家庭之後，還一直不斷地在受苦。

菩薩說：這個循環就是一個人生。

這個人生的結束，永遠都還有下一個人生在等著你，你會覺得這好像是永無止盡的。

在人生結束之後，想要找到回家的路，然後，走到回家的路時，又下來，又再找尋下一個人生，這就是人生的選擇。

其實，這就是人的選擇。

為什麼人會有這樣的選擇？因為人有七情六欲。

他在這個循環當中，最後可能受盡了苦痛、受盡了折磨，在年紀增長的時候，或是開啟智慧之後，他會想到：「我要找到回家的路！我希望有一天可以回家。我的靈魂想回家，我要回到菩薩身邊。」

等到我們真的結束了這一段人生之後，人生平復了，回到原始靈魂的那個家之後，過沒多久，人又再下來了，那就是人的願力造成的。

你的靈魂在平穩的狀態下，他得到能量修復、能量滿足之後，他就會很想要再找一些事情來做，這就是我們的靈魂想要繼續冒險的原因。

有沒有一個靈魂是不願意冒險的？很少！其實，被菩薩鼓勵之後，大家都會願意接受挑戰。

本來，我們在這一世受苦、收尾了之後回去，終於回到菩薩身邊，菩薩會跟你說：「你這一世做得非常圓滿，你做得很好！你看看這一世有多少人因為你而受到了這些福澤、得到了這些，你實在有太多的福德了。」

你在天上，可能在享樂一段時間或覺得平復一些之後，菩薩又說：「你看看，眼前的這些人又再受苦了，你有沒有辦法可以協助他們？」

你就說：「我來！我下去幫忙。因為我上輩子的時候我學會了……我去幫忙！我可以幫助他們解決問題。」所以，你一下子就又下來了。

我們常常是這樣乘願而來的。

我們不能說它是一個中計的人生，我們只能說，我們的靈魂是一個勇於冒險的人生，總是在被安撫了之後，在得到了很多、蓄積滿滿的能量時，就會一股勁的很想再去做些什麼。

這個就是勇敢的善循環。

菩薩提到，人就是一直不斷的有冒險的力量，才會一直想要做得更多。

有人問：「菩薩自己為什麼不下來？」

有沒有很多人是菩薩的化身下來的？當然有！

所以，菩薩並沒有不下來。

如果你對菩薩有多一些瞭解的話，其實你就會知道，菩薩一直都沒有不下來。

菩薩已經在這世界當中幻化了三千六百萬化身、三億六千萬化身，在這個人世間當中，我們每一個人其實都可能是觀世音菩薩。

你身邊有很多觀世音菩薩，你發現了嗎？

每個人都是菩薩的化身。

靈魂說

有人問：「在《生死別離，愛永遠在》書中說，這一世有這一世的魂，前世往生則可能留了一個魂在某處？」

假設上一世我死在台東，我的魂會留在台東，我本來的三魂七魄就留在那裡，不會跟著我走。

我現在投胎了，我現在是人，我上一世的魂還是在那裡。

因為魂不是靈。

你的靈不管是幾百世就只有一個，你的靈是永遠跟著你的，而你的魂是根據每一次投胎的這個肉體而賦予的。

所以，為什麼有些人跑靈山？他要去收他的魂，就是這樣。

可是你不做修行的人，你不需要去收那個魂，因為你的靈魂在要投胎的時候會自己結合，靈、魂之間自然會合一，所以不用去擔心。

譬如，我現在這一世有同樣的靈，但我有新的魂魄，因為我要有這個肉身。

可是我曾經死在英國，可能我在投胎的時候，那個魂一直留在那裡，沒有做結合，所以我要去收，我今天如果去英國的話，就是為了要去收我那一魂回來，可是這也僅止於要通靈辦事的人才需要去收那一魂。

一般的人不需要收前世的魂，你可能旅遊的時候到那邊，忽然間像磁鐵一樣，前世的魂就吸過來了。

你去旅遊之後，發現越來越開心、越來越快樂，不知道去了哪裡之後，無意間便收了一個魂回來，完全不用刻意。

因為你就算不去那個地方繞、不去那個地方收魂，有一天，那個魂也會在你能量蓄積完成的情況下，自動回來。

所以不去收，沒關係，魂有一天自己會回來。

「要能量很好的時候，魂才回得來？所以要把自己的能量變好？」是！

你今天就算不去那個地方，你不知道自己上一世做了什麼，可是你願意懺悔，因為你懂得做懺悔，很奇怪的是，你那些累世的魂，會慢慢回來。

你會發現：為什麼在做完懺悔之後，你的人越來越好，運氣越來越好？其實，這都是很直接的，你就像是磁鐵，把那些魂都自然收回來了，之後，你人的能量便會越來越強。

就像人家講的練功，因為你累積了幾世的功力，你的魂都回來了，全部元神都合一了。

靈永遠都是同一個，你可能投胎了十幾世，十幾世都是這個靈，但是魂是不一樣的魂，假設今天你的魂都回來了的話，你會發現，有一天你遇到了誰，他就算是你的冤親債主，他跟你有正面的衝突，他對你不好，你會很平靜，你都會清楚的知道說：「沒有關係！他要怎樣都好。沒關係！」

這就是靈魂很飽滿的狀態，什麼事情都能放下，什麼事情都能看開，什麼事情的斷捨離都比別人快。

對方可能會覺得你很不念舊情、你很狠心：「我就這樣走了，你都不會在意我，你根本就沒有把我當好朋友。」

但其實不是，是因為可能你的修養真的比較好，你只是認為他要走就走，他要走，你也留不了他，為什麼要強求呢？

這一世的靈魂，隨緣真的很重要，不強求，也能讓靈魂隨緣自在。

心沉澱了，一切就能重新開始

太過混亂的情緒，會讓你無法思考。

要靜下心來！只有安定了自己的心，好好的靜下心來思考，才能夠知道你要的是什麼。

心要想辦法沉澱，沉澱就是從頭開始，歸零。

只要心沉澱了，一切都歸無，一切就可以重新開始了。

《心經》最重要的一個學習，是「空」。

因為只有空，你的心裡面才能夠裝進更多的事物、感受。

所以，去好好的體會，為什麼菩薩叫我們要放下，為什麼要學習放空？

很多東西過了就算了！有了、沒有了，這都是過程，我們都要隨緣。

可以去慢慢體會《心經》裡面說的，為什麼要放空。

人在很煩惱、很憂愁的時候就是要學習放空，很多東西你是抓不住的，最後都會變成一場空。

自我內省，一直不斷地在內心祈求，內化、內觀自己的內心，這是一個很重要的功課。你反省得越仔細，將來會是越大的福氣跟福報。

一個人如果懂得反觀自己做得不足的地方，然後願意反省、願意懺悔，你絕對可以累積更多豐富的福氣。

每天找一個時間靜下來，讓自己的心能夠沉澱。

在生活這麼疲累的情況下，如果還能夠靜下心來沉澱自己的話，代表你在生活當中，就算是遇到困難，你也不會有太大的挫折，也不會害怕了。

人在很累的時候，心裡面一定有很多的想法，事實上，那就是幫助我們自己重新做一個釐清，自己在人生當中到底要什麼，在這麼累的情況下，你還能夠爭什麼。

所以記得，不要去跟別人爭什麼，做自己該做的事情就好了，每一個人都不要去管別人的事情，把自己該做的事情做好就好了。

什麼叫做好自己的事情？能夠有薪水，能夠生活，能夠照顧你的家人，能夠多愛你身邊的人，這樣就夠了！

不用做什麼一番大事業，也不用賺很多錢，賺再多的錢都帶不走的，很多事情盡力就好了！

體驗生的喜悅，接受無常的變動。

從體驗到改變，從改變到接受，從接受到內化為祝福。

生滅之中，學習認識自己，看見真實的自己。

唯有如此，才能找到真正幫助自己的方法。

看清生命的本質，體悟生滅的智慧，生命中，帶著許多的慈悲一同共修著。

善用你的善，發掘更多內心良善、柔軟的那一面。

這裡面有很多的經歷，「內化」是個重點，「認清生滅」是基礎。

人生是一場從「無」到「有」，再由「有」到「無」的過程。

既然一切終將成空，又何必在意那麼多，一切「都好都好」。

接受上天所有的安排，隨緣自在。

人生就是要越來越勇敢，只要你很勇敢，很多困難你都會克服的。

也許，當下你沒有解決的辦法；也許，當下你很痛苦，不知道你為什麼要去經歷這一些，但人生就是勇敢了，勇敢的時候，那個當下，你就會跨過那個門檻，就會跨過那個問題。

你也許沒有辦法解決它，也許沒有辦法應對它，也許沒有辦法處理完它，甚至於那個問題永遠都在，甚至於結下了仇恨，但你一定要夠勇敢，才會跳過、跨過那個問題，之後，你就會繼續面對下一個問題。

這個問題不是逃避，不是不處理它，而是我們必須要承認，有些事情我們是沒有辦法處理的。

面對了之後，繼續下一個人生，繼續下一個階段，繼續下一個轉角。

人生不可或缺的，其實是「勇敢」兩個字。

人生的選擇都是自己的，自己遇到了，就要想辦法去面對、克服。

人就是要努力去面對，勇敢面對自己的問題。

越勇敢的人，越開朗的人，越能夠處理問題。

越悲觀、越消極、越鑽牛角尖的人，一直在那個原來的問題裡面打轉，原本很開朗，開始變得憤怒、焦躁、仇恨，甚至於不斷地埋怨，然後開始變消極，你的人生就永遠都會停留在那個階段，在那個漩渦裡面一直打轉，一直走不出來，一直理不出頭緒來。

勇敢，人生不覺苦

人皆有佛性

有人問：「佛教裡有文章講說，學習是要引出我們的佛性。這跟菩薩所講的，人下來之前是具有神性的，是一樣的意思嗎？」

是的！人皆有佛性！

我們每一個人下凡來投胎的時候，都帶著滿滿的動力：「我下凡投胎去，我要做利益眾生的事情，學習好今生的課題。」

因此，所遇到的困難，你都不會覺得它很苦。

我們靈魂在下凡來投胎的時候，每一個人都說：「我們要做大事了，我們要去完成一件事情，我們好開心喔！」菩薩就很開心、很歡喜的迎接每一個人下來。

人生就是為了完成一件事情：不論好壞，都需要善盡職責的完成每個人的一生。

但是，每個人投胎下凡來之後，每個人都說苦：「怎麼會這樣？」

其實，我們在投胎的當下，我們每一個人都是帶著滿滿的愛，滿滿的熱誠，滿滿的正向，什麼都不怕！

那為什麼會覺得自己在受苦？

因為都由別人告訴你，人生很苦，然後你遇到困難了，也開始覺得人生很苦。

有想過嗎？如果你遇到的是正向的人呢？當你遇到了挫折、困難時，他告訴你沒有關係，這很正常，你可能就不會放大了自己的苦，你可能會給予自己滿滿的動力，並且告訴自己：遇到困難、挫折很正常，這困難會成為養分，你會更加勇敢。

如果你遇見的是如此正向的人，會不會也改變了你對於人生的態度呢？

譬如，有的小學生會說：「我以後要當總統。」

但是大人會說：「你傻啊！你以為這世界上有幾個總統。」

譬如說：「我跟你講，我今天回去的時候被我媽罵。」

「你媽會罵你喔？怎麼會這樣子？」

「我本來就做錯啦！」剛開始都這樣。

「你好倒楣喔！」當你聽到別人告訴你，你有多悲慘，你就會開始覺得：「我怎麼會這麼可憐。」

你去想想，剛開始時，我們都不會覺得怎樣，都不會覺得自己很可憐，都不會覺得不好的事情會發生在自己身上。

但是，因為別人跟你講，告訴你，你很可憐，你接收到那樣的訊息時，便會開始覺得自己很可憐。

當然，也有一些人，靈魂與生俱來是悲觀的，但是，就算他與生俱來有那樣的靈魂特質，也是可以改變的。

譬如，他覺得自己是受傷的，他覺得自己不夠被愛，可是，當他要下來的時候，他其實已經開始療癒自己，告訴自己：「我前世雖然沒有被愛，但是，我這一世超想被愛，我也有很多的愛要去給別人。」

但是，他下凡來投胎的時候，人家告訴他：「你看吧！還不是一樣不被愛！」他可能就開始對號入座：「對喔！我又下來受苦了！」

這些過程，都是因為我們從有神性之後，慢慢變成越來越有人性，我們的人性是被人影響的，然後開始產生消極與負面的情緒，為了生活，被生活折磨久了，漸漸失去信心，漸漸感覺到喪志。

其實，我們人下來的時候，本來都是空的人性，什麼都覺得沒有關係！什麼都好！

舉一個例子，你一定會發現，當小學生上學時都穿同樣一件制服時，有可能在禮拜三便服日時，有的學生也穿一樣的。

剛開始，那個學生並不覺得他禮拜三穿制服是什麼丟臉或不好的事，但是，別人的語言可能會讓他的心態起了不同的變化。

開始在意別人說的，就會改變自己的心態或想法。

都是別人講了他之後，如：「你家沒衣服啊？你幹嘛又穿制服來學校？」

別人的閒言閒語讓他不舒服了，本來一件事情沒有對錯，可是因為別人說了，於是，他以為自己做的事情是錯的，但其實，根本沒有對錯。

穿制服沒有不對，不穿也沒有不對。

但因為別人一說，他開始覺得：「禮拜三我不要再穿制服了，因為我會被人家問一些有的沒的問題。」

感覺上，堅持，好像是錯的；跟別人不一樣，也是錯的，久了，就會覺得自己應該要有從眾性。

剛開始的時候，他也許都沒有覺得不一樣：「穿制服很好啊！反正有穿就好了，就是要來上學嘛！」

我們純真的靈魂其實就像那樣，剛開始，我們就是一直不斷地做自己想要做的事情，並沒有覺得自己不對。

是別人告訴我們這樣做不對，或者是你真的也感覺到你要跟別人一樣時，你人性想要融合時，你真的就會覺得自己跟別人是不一樣的，才會有那個分別與比較出現。

在那個當下，如果那個小孩是夠堅強的，他就會覺得：「沒關係啊！反正我有衣服穿就好了。」

這種人就非常好命，因為他不容易被人家影響。

傻傻的過日子的人，才真的有福氣。

他未必是不清醒的，他是非常清醒，只是他不能去在意，因為他知道，在意了，日子就很難過。

所以，為什麼要有佛法？是因為佛法要進入到人心裡面，要開啟人的悟性，要開啟人的覺性，每一個人的程度，跟每一個人領悟的速度都不一樣。

此外，有些人還會很積極的去替自己找尋一些方法。

譬如，有的人會去上課，它絕對是一個努力增強自己的方法，因為你知道，在這個過程當中，你是開心的，你是快樂的，不管可不可以幫助到別人，那是另外一回事，你至少可以幫助到你自己，讓你自己舒服，那就是你追求的一種方法。

所以，為什麼會有這麼多人會選擇在每個月固定開辦大型座談會時，來上課，來聽一聽？也許，他覺得在那個當下，他很開心，他很輕鬆，會不會得到什麼？不一定，但他就是想讓自己的心靈沉澱一下，學習些什麼。

他也可能會去別的地方，那都是一種吸收，自己開心就好，自己想要什麼，自己最清楚。

真正能給你的，絕對不會是老師而已，絕對會是自己要不要接受與覺悟而已。

相信自己的心念

有人問：「有時想要做一件事情，那是自己思考了很久、考慮了很久的，可是自己心裡會有另外一個聲音、心魔出來，在打槍這件事情？」

你就相信自己。

如果自己過不了心魔那一關，強迫自己的肉體去做這件事情，你還是會有那個疙瘩在，不舒服。

有的人會過了那一關，那就是不會那麼執著的人，他就會想試試看。

但有的人很執著，執著久了，就會產生心魔：「我不要！我就算做了，我也不會開心！」何必執著？不然你就不要做。

所以，都要看每個人的選擇。

有的時候，就算你做錯了事情，或做了錯誤的決定，你還是會原諒你自己，或是覺得沒有關係，再試就好；但有的人會覺得這是一件天大的、很嚴重的事情，就看你看事情的角度。

把這件事情看得輕、看得重，其實都與自己靈魂的飽滿度有關。

今天，如果靈魂夠飽滿的時候，你會發現，做錯也沒有關係：「我就算心裡不舒服，我去做做看，不舒服就不舒服，我總要知道為什麼不舒服。如果不舒服，我不做，我做了別的選擇，我也要能夠說服我自己我可以做得很好。」

有的時候，真的取決於我們自己的靈魂能否沉靜下來，真正理智地去做決定。

其實，就是看情緒起伏大不大。

有的人會說，心魔存在於心裡面，所以讓你執著於某些事情，這就是自己的心魔。

所謂自己的心魔，它不見得是魔鬼，心魔是自己造成的，這個魔鬼是自己創造出來的，而這個魔是一個比喻，你自己的心讓自己執著了，就是心魔產生了。

魔鬼才是可怕的，你會一直往不好的地方去想，往不好的地方去做，那才是魔鬼。

心魔每個人都有，「我就是過不去我自己那一關！」

這就是心魔。

心魔就是執著，「我就過不去那一關嘛！我就不想要嘛！」

你不想要，別人沒有辦法強迫你。

強迫你，你可能不快樂。

所以能不能放下，關鍵在於：你的心魔能不能被你克服。

別讓魔鬼住進你心裡，只有你的心，可以操控你自己。

別讓魔鬼進來，別接近魔鬼，魔鬼就一點機會也沒有。

苦中作樂的人生

有人說：「我覺得人生不苦，但是我找不到方向跟目標。」

那才痛苦，那才是真正最大的苦！

因為你不知道你忙了一輩子，到底為了什麼？你不知道你休息了這麼久，為了什麼？

人在受苦的階段當中，有時候懂得苦中作樂，是一件大智慧。

你在苦中能夠學習，還要繼續在苦中生存，找到應對的方式，能夠自嘲，能夠從別人身上學習到寬容，然後努力的學習謙卑，其實，我們在這個循環裡面一直都在學習著苦中作樂。

唯有在這個苦中，才能得到智慧、學習怎麼樣自嘲跟苦中作樂。

而作樂，就是想辦法讓自己念轉，讓自己行為積極，讓自己從計畫當中變成有行動力，去想辦法完成自己的夢想。

也許，我們後來被折磨到沒有夢想了，你也必須要走完人生每一刻該行進的道路。我們的努力，都是為了讓這一刻的當下沒有遺憾。

所以在這個當下，我們很多時候都要盡心盡力地去把這一刻當下顧好。

這一刻當下沒有了遺憾之後，你才能夠在下一刻當下沒有再多的遺憾。

人生不有遺憾，實在太難了！

因為來不及做的，智慧還沒開發成熟的，在那個時間點，我們都很難成熟。

但是，經歷了很多經歷跟改變、很多的學習跟智慧的增長，我們開始變得越來越成熟，開始越來越清楚什麼事情都留不住，什麼事情都沒辦法掌控，人就開始變得豁達。

不是放棄，而是變得豁達跟更加地開朗，知道這些東西本來就不是我們可以掌控的，人會變得更有開放性，變得越來越能夠接受，越來越能夠適應環境帶給我們的變化跟挫折，這個時候，人就變得更圓融了。

當你變得更圓融的時候，一旦遇到很多挫折，你就會開始學習接受在你身上所產生的痛苦、折磨，你不但要習慣它，還要適應它、接受它。

當你學習接受這個本來就會產生痛苦的時候，你就會開始覺得：「我不會抱怨我的人生，我不會覺得我的人生很苦。」因為你會反觀別人的可能更苦，去聽一聽別人的苦，有時候反觀看來，我們真的覺得自己還蠻幸福的。

所以，如何在逆境當中吃苦還要找樂子，是很重要的。

所以菩薩說，苦中作樂，其實是人生當中很大的一門智慧。

當別人在數落你的時候，你還能夠從中得到快樂，很重要！

你就不能把話聽進心裡面，你會知道：「對方可能是有意的、無意的，都好！因為傷不了我。我知道這只是他的個性，他要說出這樣的話，讓他自己開心，更讓他自己得到某一些成就感。他要這麼開心，我不能不讓他開心。」因為他開心之後，他就不會再來找你麻煩。他不開心的時候，他就會來找你麻煩。你讓他罵一罵，嘲笑你一下，笑完你之後，他開心了，你就不會一直被他笑。等到他不開心，他又再找你，你說：「怎麼又是我？」

你要開心「又是我」，因為他罵完之後，你就沒事了！

人生總是要經歷苦跟不苦之間，你才能知道，什麼樣的苦是比較不苦的。然後，學習接受這個比較不苦的人生，之後，當苦一來的時候，你就會感覺還好、還好。

當苦到你身上來、到生命當中來，你的人生覺得還好的時候，你的人生已經變得很寬容了。

所以，寬容的人很有福氣的原因，就在於他有很多事情都覺得「不用計較！沒什麼好計較！」

很計較的人就會活得很痛苦，因為他什麼都要精打細算，誰付出得多：「上次我為你做得比較多耶！這次你要……」，就會反過來要求別人，變成自己陷在胡同裡面鑽牛角尖，還要要求別人也要做到，也要求別人做得很好，所以，他一直都在計較、比較當中，人生便會產生很大的痛苦。

苦中作樂的人生，其實滿有福氣的。

快樂並非短暫

有人說：「快樂只是短暫的，其實，後來都會變成苦。我們現在所受的都是一個苦。」

你認為呢？

真的是這樣嗎？

你覺得人生都是苦，可能要看這個人有沒有把人生所經歷的一切，當作苦來看。

人為什麼要有佛法？

因為佛法是人心轉換的一個很重要的過程跟動力。

我明明知道這是苦，我也知道它是苦，但我就不認為它是苦。

我知道在別人身上，會覺得「你好苦喔！」

可是，今天我心中如果有佛法的話，我會覺得：「苦是應該的，這是一個過程，這不是一個結果。就算快樂在前面，後面有受苦，也沒有關係。」

所以，佛法很大的力量在於：它可以把所受的所有的苦，都轉換成法的力量，法的力量讓這個人改變，這個改變的力量就是佛法，這個法的力量就是佛。

「佛」為什麼要這樣寫？

是因為人有很多的曲折，要夠有定，才會變成一個「佛」，而人人皆有佛性。

用法來感化，用愛來引導。

「佛」為什麼要這樣子曲折？

就是因為人有太多的苦要去受，我們要截斷這些想法，才能夠讓我們出現佛性。

當你覺得不在意、不需要、都好、沒關係、無所謂，就算受苦，就算人家要你承擔這個責任也沒關係的時候，我們人的佛性就出來了。

也許，外在感受的快樂無法長久，但是人們內心的平靜與快樂，卻可以是永恆的。

就看你在遇到人生課題時，你是如何看待你的苦？如何看待你的樂？

所謂一念天堂，一念地獄，苦不苦，快樂不快樂，都是感受的問題，別把感受放大，別著墨太多在感受苦上，你就不會覺得苦了。

把樂放大吧！

一點小事都可以讓你快樂，沒有什麼事情會讓你難過，那麼，快樂就會在心中滋長。

快樂並非短暫的，你的心，可以讓快樂長駐，並且永恆。

罵你，是敵人稱讚你的方式

有人說：「敵人的稱讚方法是很特別的，就要抹黑你。」

但是，我們也可以換一個想法，就是不把他當敵人，不要理他，他就不是敵人了，因為他什麼都不是。

這就是我們應對敵人的方法，不把他當敵人，把他當空氣，雖然存在，但你沒感覺，卻又很需要他，因為你需要空氣才能生存，你需要不斷砥礪你的人才能成長，所以他們太重要了。

菩薩說：不要去在意那些人說了什麼、對你做了什麼，因為你始終都是你。他要講你什麼，他永遠都有話可以講，你也不能為他們而活。

我們就自我要求好。不能因為人家對你很壞，你就要變成壞人。不管怎麼樣，都不能變成一個壞人。

不管你遇到再嚴重、再困難的問題，都不能夠變成魔鬼，都要堅持你心裡面最大的善跟愛。他要，就給他，沒關係！

人跟人之間也許不用太多的比較，我們如果還要再去比較誰優越、誰多麼厲害、多麼有智慧、多麼成熟……我們就很累。

菩薩說，每個人如果都可以知福、惜福、造福的話，我們便不容易受苦，什麼東西都好、都夠了，都好都好，夠了夠了，人生就沒什麼好求的，沒什麼好計較的，人生就這樣。

只要把握一個原則，你的生活是自己的，你的開心是自己的，你的悲傷也是自己的，你到底要開心還是快樂過日子，自己來選擇。

希望大家真的好好地把自己的生活經營好，一定要開朗、快樂，一定要健康，因為有健康，我們才能活下去，然後一定要想辦法讓自己開心、去找樂子，人就是要開心。

我們的人生就是苦中作樂，人生本來就是苦的，無論如何都要苦中作樂。

想到自己這麼堅強，這麼勇敢，就覺得自己好棒，又有能量來了。

如果有機會，也希望大家發表自己的意見、分享自己的改變，來鼓勵其他的人。你們這些菩薩千萬不要吝嗇，把自己生命的過程、經歷的過程跟人分享，不管你的內容講什麼，那都是一個生命力的表現，我們沒有被打倒，沒有被擊垮，而且我們還站在這裡。分享出來後，你會發現，自己很勇敢。

每一個人所講出來的，對我們來說，都是生活當中很重要的智慧，因為大家所經歷的都不是一件容易的事。我們在看別人的人生時，我們會發現，每一個人都像菩薩一樣有智慧。我們要聽聽別人所說的生活，才能知道自己有多幸福。

最後你會發現，發生在你身上的，可能也發生在他人身上，於是，你就有機會去幫助他們了。而在幫他們的當下，最重要的是，你藉此解開了你自己的結。你會發現，自己怎麼那麼有力量可以去幫別人一把，你會覺得能量滿滿。

這個運氣，其實是靠我們的心念去轉動的，你相信自己會有好運，你的好運就會一直不斷地來。

菩薩是很會布局的，你現在當下所經歷的，未來，祂會安排出一個甜美的果實來告訴你：你現在所經歷的，一切都會是值得的。

敵人罵你，是敵人稱讚你的方式；敵人打擊你，是為了給你力量來學習如何更加勇敢。

接受上天的安排

有人問：「如果我們累世都遇到類似的情境，是否可能是我們自己跟菩薩發願說，我要再重複經歷類似的環境，好讓自己學得更好？」

沒錯，有可能是我們自己的發願。

譬如，我們前世的生命實在太短暫了，覺得在那一個當下，我沒有辦法完全的經歷它，當時的我，沒有辦法去瞭解生命的意義，所以我請求，再經歷一次。

譬如，有些人在戰亂的時候，他餓死了，他一定會想要再來一次，因為他想要去改變，不要讓有人再餓死，所以他可能想要改變些什麼。

可是，在大環境下，可能不是他一個人可以改變的，他可能後來又餓死，餓死的原因，可能是別的因素，所以他可能會一直不斷地來體驗，有人發願於這樣的經歷。

是否真的為了要經歷而乘願再來，要看單一個案真實的原因。有的人是真的因為執念、執著的關係；有的人是真的乘願而來，為了要體驗、體會或是學習。

有人問：「我們在投胎時，可以跟菩薩說，我不要再經歷某個環境或某個情境嗎？」

那要看你的願力夠不夠大，你在這一生做的功德夠不夠大，可以說服菩薩讓你不要再經歷。

通常會說不要的，有時候是一種推卸責任，或是擁有害怕的情緒在其中。當你會說：「菩薩，我可不可以不要去經歷那一段」的時候，其實就已經有恐懼跟害怕在裡面了。

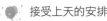

今天，如果你是具有佛性的，上天怎麼安排，就怎麼接受，你根本不會去要求。

你會接受上天所有的安排，就算遇到苦難的事件，就算生命如此短暫，你也會接受上天所有的安排。

發願是為了眾生，如果你今天的再次經歷，是為了想出一個好辦法讓眾生不受苦，那麼，我想菩薩會完成你的心願的。

當然，如果你是擔心自己又遇到了同樣的課題，那不是利益眾生之事，你的請求，菩薩未必要答應。

所以，好好的接受上天的安排，我想，上天所有的安排都是經過非常精密的計算的，該體會的，該經歷與學習的，都在每個人的人生中，逃也逃不了。

越能夠寬心的接受、去學習，反而能夠學習得越多。

接受上天的安排，因為每一個經歷，都一定有他存在的意義。

人善被人欺，是好事

對於善良，你有什麼看法？

別人如果有報復心怎麼辦？你該怎麼面對這樣的人？

有的人會說：慈悲有什麼好？

人善被人欺，你是個善良的人，好像就註定要被別人欺負。

人善被人欺這句話的解釋是什麼？覺得人善被人欺是不對的嗎？

今天遭遇到不順心的事情，是因為你很善良，所以被他人欺負了，難道你今天就要變成一個不善良的人，然後產生報復心來報復別人嗎？讓那個人知道：「不要因為我善良就欺負我，我要報復回去」，這樣好嗎？

其實這樣的方式，不是我們要做的，不是我們該有的處理方式。

菩薩有教過我們，我們人生當中遇到再大的惡，都要告訴自己：不管怎麼樣，都必須要堅持到底，做個善良的人。

人善被人欺，真的是一件好事嗎？

其實，人善被人欺也沒有關係，你是一個善良的人，一直被人欺負，菩薩說這是一件好事。

當別人欺負了你第一次，欺負了你第二次，欺負了你第一百次，你都還是要當一個善良的人，這就很了不起了，你不會因為被欺負，就選擇變成一個惡人。

被欺負，感覺上好像很懦弱、很窩囊，很多人可能都會叫你反駁回去，或是欺負回去。

事實上，被欺負是你的定義，你心裡覺得你被欺負了。

但如果你可以換個想法來告訴自己，你不是被欺負的，感受便會不一樣。

告訴自己：這個人選擇用這樣的方式對待你，那是他的選擇，你只是被這個方式欺負，並不代表他在欺負你。

那是他選擇的方法，這個方法可以是你喜歡或你不喜歡的，但並不代表他是錯的，因為他用了他自己的個性，他用他的態度、想法在對待你，他可能從來都不覺得他是錯的，他反而覺得你大驚小怪，所以你又何必去在意呢！

他只是用他的方法對應你，但未必是真的欺負你。

所以，如果你常常覺得自己人善被人欺，不要覺得自己是被欺負的，換個想法來想：「因為他的個性就這樣，他對待我的方式就是這樣，所以，我接受他用這樣的方式來對待我」，如果你選擇了接受，你就不會生氣了。

給別人你想要的，要得到好的回應，就善待別人，你想要別人對你好，你就先對別人好！

例如，我們都知道有些人會主動道歉，主動示好，別人就不會無緣無故一直罵著你。就算罵你，你用低姿態、柔軟的身段去對待別人，別人也不會頤指氣使的繼續罵下去。

他的憤怒，是讓你學會原諒。

「原諒」這個課題，真的很難。

有些人會一直不斷的追著你打，一定要看到你潦倒、敗壞了，他才會放手，怎麼辦呢？原諒他。

原諒他，試著理解他的做法，釋懷「他為什麼會這麼做、為什麼要這樣對我」。

放下心中想要找答案的想法，理解然後釋懷。

千萬不要去瞭解這樣的答案，因為你找不到答案的，你只能告訴自己：他就是這樣的個性，他就是這樣的想法，我瞭解，我知道，我接受。

所以，不需要去跟他生氣，也不需要逼問著他說：「你為什麼要這樣對我」，這些都不需要。

你只需要瞭解、接受，他跟你就是不一樣的人。

有人說，有些人滿嘴仁義道德，拿香唸佛，但卻總是欺負他人，這樣的人到底是善良還是惡人？為什麼要原諒他？

其實，每一個人都可以拿香唸佛，但有沒有把菩薩說的話真正的用在自己的生活當中，我們不需要評斷。

我們有什麼資格可以評論他人？「評斷」這件事情，只有菩薩能做到。

你說他是善良還是惡人，由他自己決定，我們都沒資格評斷他是善良的人還是惡人。

我們既然不能評斷他是善良的或是不善良的，你又何必談到原不原諒他。

他只是在做他自己，你不必去說要原諒他。

如果你覺得他侵犯了你，我們可以反過來想，不是要不要原諒他，他只是在做他自己想做的事情而已。

也許，有一點點對我們產生了干涉，就不要理他，就做你自己，然後學習著放下吧！

有的時候，你不願意放下，是因為你有很多糾結的情緒在裡面。

當然，放下真的不容易，也是一個很辛苦的課題。

你可以選擇接受或不接受，都沒關係，但相對的，也會為你帶來痛苦跟不痛苦。

有的人是學習著接受，他可以不痛苦。所以他選擇不需要接觸回應，他不接觸，就不會產生痛苦。

有些人喜歡自尋煩惱，一個問題不斷的糾結，不斷的追著打，不斷的打破砂鍋問到底，你想要的答案，未必是真理，但是你窮追猛打，追著對方一定要給你想要的答案，但這未必是真實的答案。

有的時候，你想要的人生，押注在別人身上，所有的關注都在別人身上，這些，未必是別人真正可以給予的。

何不想辦法讓自己好過，比較重要。

有的時候，你發現自己有負面的情緒跟能量，是會讓你現在產生很不開心情緒的，你就要想辦法告訴自己：「這樣的負面情緒來了，我要想辦法讓這個情緒離開，不要讓這樣負面的情緒吞沒了我，或侵噬了我」。告訴自己：我要脫離這樣的情緒，我要學會放下這些糾結。

你喜歡的事情，你可以一直做。
你喜歡的人，你可以一直跟他在一起。
不喜歡的，就不要強迫自己去喜歡那個人、那件事情或是那個環境。
去做讓你開心的事情，然後想辦法提升自己正向的能量，這很重要。
有人一直斷我後路，要如何面對他？
其實，人沒有絕對，這世界上沒有一個人可以斷一個人的後路。
沒有一個人可以斷任何一個人的後路。
是我們把事情看得太嚴重了，這個人如果一直要這樣針對我們，欺負我們，我們總有別的選擇可以做。
人善被人欺是好事，因為你堅持的善良是對的。

逆境菩薩

有個同學說，生活中總會遇到有些人，一直不斷的出現要斷他後路的情況，到底該怎麼面對這樣的人？

老實說，沒有人可以斷你後路。

那你要怎麼面對他？

你不要把他認為他是來斷你後路的，你把他當作逆境菩薩，他是來幫助你成長的。

那麼，我相信當你用不同的角度看待他時，你會有不同的想法。

人生其實有很多的選擇可以做，只是你要用什麼樣的選擇讓自己好過。

當你人生不開心的時候，你要想辦法找樂子，你要想辦法接近會讓你開心的人，想辦法接近會讓你開心的事物，然後讓自己擁有正向的能量。

譬如說，你可以去看看書、外出走走，去你沒去過的地方，或走進你好奇的餐廳，點著不同的菜餚，讓自己勇敢的去嘗試。

在生活中，做一點不一樣的改變，就會相對地發現，生活當中有很多的樂趣，也許是你從來沒經歷過，也從來沒探索過的。

念轉很重要。

我們常講「念轉運就轉」，一個人的念頭只要改變了，相對的就會為你的人生帶來不同的風景，不同的態度就會引領不同的事情發生，這對我們來講，會有很大的幫助。

逆境菩薩的出現，絕對不是來懲罰你的，他是為了讓你學習而來的，你在他身上學習得越多，未來，就會越有勇氣與力量來幫助自己前進。

逆風而行，才是勇敢。

逆境菩薩，才是真菩薩。

改變自己的個性

有人說：「我以前是暴力的性格，這些日子有接觸佛法，我不斷地告訴自己，不要再這樣了，我可以從這一刻開始修，把它修好。」

你有沒有發現，如果沒有讓你去經歷這個過程跟這個性格，你怎麼會在現在這個當下覺得：「天哪！我怎麼會有那樣的想法，好可怕！」

譬如，我們看新聞說誰把誰殺死了，我們想：「人怎麼會這樣！怎麼可能！這個人是怎麼了！」

其實，當你有過憤恨的想法時，你就會知道，人在失控時，或當別人激怒你時，你自己可能會做出什麼不對的事情，那個東西就是魔。

如果你的心裡面從來不曾有過魔，你不會知道你為什麼要說人家心裡面有魔。而更多時候我們永遠都沒有想到，自己才有魔！

一旦讓魔進駐到心裡面時，很少人會自覺的知道自己有魔性，那是非常恐怖的。所以，我們要時時保持警覺，不讓自己的心迷失了。

失去了沒關係，失敗了也學習接受，這樣就不會有憤恨的情緒，不會因為失去而想要毀了這一切。

佛法的迷人之處在於，讓你經歷了，你才能親身體會與瞭解。

而接受了，便可以迎接重生的你；有了新的開始，便有歡喜的自己。

改變自己的個性，可以是一個重生的開啟。這樣的重生，你會喜歡上自己的。

有朋友問說：「原本助人的初發心是善的，但一再的被人性的貪婪與自私挑戰著，讓我忍不住情緒爆發、對人撂下狠話和惡語。為何心存善念如此不易？我的心一直處在矛盾、掙扎之中。」

菩薩說：就算有負面能量存在心裡面，也不要認為它一定是不好的，然後想要把它掙脫。

心裡面不要有掙扎，不要想要掙脫，很多東西順勢而為、順勢而生。

硬要掙扎，心裡面很多東西只會越壓抑越緊。

有的時候，就讓自己放手吧！不要掙扎了，不要想要掙脫什麼。

有的東西本來就是共生存在的，就算有惡的念頭，也會想到：「啊！我不應該這樣。」

如果我們從來都不曾有過惡的念頭，我們便就不會覺察到自己怎麼會有這樣的想法，對不對？

就是因為有了這樣的想法，才會說：「啊！不可以有這樣惡的想法！」

這就是人的「意識」跟「覺」，意識到了原來這個想法不可以存在我這個人的心中，那我就可以把它拿走，這就是一種好的事情。

所以，不要想要擺脫、掙脫惡的部分，不要那麼的是非分明、採用黑白分明的二分法，認為善跟惡一定是對立的，不！它們有時候是共生的。

有了惡，更能珍惜善的美好，有了善，便要覺知到善堅持的難度，接受善與惡同時存在，知道自己所選擇與堅持的，才是最重要的。

有信念，菩薩在

有信念，菩薩在，這一段話，出現在我每一本書當中，我要一再地重複說明：「菩薩就在我們的心裡，菩薩一直都在我們的身邊守護著我們。」

如果你的信念是相信菩薩的，那麼，菩薩就一直都在。

菩薩就在我們的心裡，我們的心就是一座大廟，菩薩就在心中坐。

你可以不用跑宮廟，你可以不用去任何一間寺廟裡面看菩薩。

你的心中有菩薩，菩薩就一直都在你的身邊。只要你相信祂，菩薩一直都在。

恭請菩薩的方法，就是稱唸「恭請南無觀世音菩薩」連續唸九次，這就像是打電話給菩薩了，菩薩就會跟你有所感應，跟你有所連結，那就是跟菩薩連上線了。你在恭請菩薩的時候，你就可以把你心裡面想要講的話，都直接跟菩薩溝通，你任何時刻想要跟菩薩講話，都可以用這樣的方式，無時無刻、隨時隨地，只要你需要菩薩的時候，菩薩都在，你隨時都可以恭請。

不用害怕菩薩很忙，也不用害怕菩薩會覺得你很煩，都不會，因為祂是菩薩。你可以跟祂傾訴各種人事物，因為祂就是菩薩，祂是這麼慈悲，一直在我們生命當中給予我們很多力量。

時時刻刻稱唸「南無觀世音菩薩」、「南無阿彌陀佛」，這些都可以幫助大家心靈平靜。請不用再花錢去跑宮廟，不要再花錢做法會，真正的法會，就是從你的念力開始，為他人祈福，它就是一場很棒的法會了。

祈求有身體不適、有病痛的親友們，都能受到菩薩的加持，受到菩薩的護佑。祈求菩薩給予我們健康的好能量，讓我們能夠恢復身體的健康，才能夠為社會做更多的事情，也才能為我們身邊的人帶來更多的平安、更多的喜悅。

如果你會誦六字真言，你可以用心、用力的把這些苦痛都隨著六字真言誦出來，它可以變成一個力量，變成一個功德，變成一個福澤，可以幫助我們身邊的人，護佑我們身邊的無形跟我們的冤親債主，也護佑著我們在世親人的健康。

當你稱唸完「恭請南無觀世音菩薩」九句之後，菩薩就在我們的身邊。菩薩一直守護在你身邊，你可以把心中所經歷的苦痛，所有的事情，所有的怨，所有的喜怒哀樂，都交給菩薩。

人生很苦，人生很難行，但我們因為生而為人，我們要慶幸我們有人身肉體。所以，你可以把你想要說的話都告訴菩薩，菩薩一直都在。

人生的過程，就是從「無」到「有」，再由「有」的過程到「無」。

人生所經歷的一切事情，到最後，其實都是一場空。

在這些過程當中，我們汲汲營營的想要去得到，想要去改變，但最後可能會覺得疲累、覺得傷痕累累。

在人生學習的過程當中，其實，就是不斷地教會我們學習放下，學習接受。

當你願意接受的時候，人生會有更多的圓滿出現。

當你學會不計較，願意放下及改變的時候，你會發現，人生當中有很多事情本來就不需要存在。

人生會覺得苦，是因為在意的事情多了，計較的事情多了，人就會覺得欲望多了，就會產生痛苦。

所以我們都要想辦法減輕欲望，減少欲念，不斷地在你的心中浮現出善良、愛、感恩跟知足，什麼事情都好，什麼事情都夠了，人生就會開始轉向另外一個境地。

一旦你覺得生命當中很多事情都夠了，就不會再爭，也不會再求。一切都覺得「都好」了，就不會再有批評，不會再有計較，人生就可以越來越趨向於美好。

當然，大家在今生所受的苦，菩薩都知道。你可以把這些苦，都交給菩薩，都還給菩薩。好好的享受今生的美好，讓那些苦痛跟隨著菩薩的蓮花轉動離開我們，讓我們離苦得樂，不用等到往生之時。

從這一世開始，我們就可以開始把苦痛交給菩薩，把歡喜、把慈悲、把善良留在我們自己的心中。

珍惜緣分

放下過去的怨與恨，放下那些憂愁，繼續堅持你要走的路。

一個念頭的轉換，可以帶來很多運氣上的改變。所以，要相信你自己的念力，用你自己的信念與念力，去改變你的人生，因為你的人生是自己的。

菩薩有提到，人生的過程，其實就是從「無」開始，你出生當嬰兒的時候，就是從身無一物，身無分文，什麼都沒有的情況下，出生到這一世。

你到這一世來的時候，你身上沒有任何東西，你只有父母親給你滿滿的愛，那時候的你，覺得這樣就很足夠了。

現在的我們，擁有了很多人的愛，包含了吃的欲望、睡覺的欲望，從無到有，我們的人生一直在不斷地累積「有」的過程。

從有好的工作，好的房子，有家人，有另外一半，我們有朋友一直不斷地在我們身邊，給予我們「有」的欲望及「有」的支持，包含物質與精神。

可是，人到了某一個階段之後，有了，就會想要再更多、更好、更完美，就會覺得那才是我們人生要追求的夢想，於是，我們的夢想是靠很多的物質、很多的欲望累積而成的。

到了人生某一個階段之後，又開始走向減少的過程，少吃、少買、少做，因為我們的身體已經開始不堪這些負荷了，所以，我們開始要節制，以致於我們開始在「有」的過程當中，開始慢慢減少。

當然，在減少的過程中，也可能因為你身體的不適，你再也沒有辦法出國去玩了，你再也沒有辦法跟人家跑步了，你再也沒有辦法去做你想做的事情，所以你的欲望有可能是一直在減少的，有可能是外在行為、健康上的限制，包含你的肉體限制。

所以，不管你是自願減少，還是非自願的減少，它都慢慢的在減少當中。

我們的年紀越增長，我們可以跟父母親相處的時間跟機會也在減少當中，我們失去的會越來越多，得到的會越來越少。

包含身邊的朋友跟家人，人會越來越少，因為他們可能會走，他們可能會離開，他們跟你之間的緣分可能沒有那麼深了，大家彼此有各自的目標要前進，這都是一種祝福。

但是，當我們的人生越來越少的時候，才是我們真正開始要回歸到自己內心的時候。

各位有二十、三十、四十、五十、六十、七十幾歲，到八、九十幾歲等等的，在這些生命歷程當中，相信你們都有一個很棒的一件事情就是：不管你們幾歲，你們都在這個時間或是在更早之前就認識了菩薩，所以你們已經知道，人生有很多事情是從無到有，再從有到無、到空的狀態。

有一天我們都會走，我們身上的這些東西通通都帶不走。

我們所得志的、所得到的、贏的部分，可能因為一句話贏了別人，可能做了一件事情打贏了別人，不管是贏了或是輸了，成就了或失敗了，都不重要，因為最後，它終將幻化成什麼都是空的，什麼都帶不走。

如果可以的話，你可以去急診室看一看、坐一坐，不要在妨礙醫護人員的情況下，看一看生命是怎麼樣消逝的？非常的快速！

所以，當我們生命還沒消逝之前，我們應該要用心的去維護我們每一個人的生命品質跟生活的尊嚴。

我們之前有出一本書叫《生死別離，愛永遠在》，大家如果有看這本書的話，都應該知道預立遺囑的重要性。我們希望大家能夠清楚的知道，自己未來要離開人世間的時候，所受到的對待，以及所要的選擇。

趁我們現在都有意識，我們可以跟我們的家人清楚的聊聊這個問題，如果有一天，我們臨終的時候，我們該做什麼樣的選擇。

給予別人一些空間，給予別人尊重，接納、接受別人所選擇的跟你不一樣，不要再去控制別人。

請你們記得菩薩說的：都好！都好！

就是因為你有一顆快樂的心，所以你會認為都好。

菩薩會認為都沒有關係、都隨緣，是因為不要去在乎或強求、強得哪些緣分，那些緣分都不能長久。所以，只要懂得把握當下，珍惜現在所有的緣分。

記得菩薩教的：念轉運就轉！

你的人生、你的命運絕對可以用你的念力去改變。

就算身上有癌症，醫生宣布你只有兩個月的壽命，你也可以活到現在，遠超過醫生的預估時間，因為你相信你可以，就可以控制這些。

所以，請你用你的信念，去創造你生命的價值。

你可以跟菩薩說：「我想要留在這個世界上，我想證明我的生命是有價值的。」所以，你可以用你的念力去影響你的命運、運氣，不需要求任何人，求你自己、求菩薩就好了。

菩薩無所不在，菩薩一直都在我們的心裡，只要你需要祂，祂就存在。

請大家無論如何，多做善事，而最重要的一件善事就是：請你幫助自己振作起來！請你先幫助你自己，再幫助其他人。

有宮廟的師父、老師告訴你：「你要做乩身，你要幫菩薩辦事」，都不用相信，先把自己照顧好就好了。除非神明真的親自到你面前來告訴你：「我就是要你辦事」，那麼你就接受。如果你看不見神明，神明沒有親自到你面前來（不是夢中），你都可以不要相信，你都可以相信那是假的。

請把自己的生活顧好，那才是真正的生活。

珍惜身邊的善緣，廣結善緣，成就更美好的人生。

越勇敢越幸福

年紀的關係，人會越來越成熟，會越來越勇敢，變得更能忍了，抗壓性越來越高了，也變得更勇敢、更沉得住氣了。

人生沒有不苦的。

苦沒有什麼關係，就苦中作樂，苦中生活。

適應了苦之後，你就會覺得不苦了。

然後你會有一種想法，就是：「再苦，來啊！再苦，來吧！沒在怕的！就來吧！看有多苦就來多苦。」

我覺得要一直不斷的用這樣的方式鼓勵自己。

也就是說，我知道人生很苦，我也知道每一個人都遇到很苦的事，人都要經歷生老病死，人生真的很苦。

但是，我們不要因為人生很苦就很消極，覺得：「我的人生好苦喔！我好悲慘喔！」

人生苦，苦就苦，沒什麼關係，就苦吧！人生本來就很苦。

我陪了很多朋友經歷情傷、失敗、妻離子散、甚至於有很多被迫分離的情況，但我覺得這就是人生。

你在看每一個人生活的當下，你就會覺得其實我們都很幸福。

我跟其他的閨蜜朋友都會想，我們每次都可以坐在一起吃飯、聊天、聊聊彼此的心事，我們都很幸福，我們都有人陪伴。

可能有的人找不到好朋友，好朋友可能都只會利用你，或者是有些朋友只是虛情假意的對你好，甚至於鉤心鬥角，不是真心真意的跟你在一起，你就會覺得很辛苦，因為你要去應對這些人。

我們的生活當中，一定也有這樣很隨便應付我們的人，你就會很痛苦，會覺得同事之間、朋友之間竟有這種人，然後就為了這種人際關係在痛苦。

千萬不要為了這種人而痛苦，因為他本來就不是你的朋友，他不會陪你走一輩子。不會陪你走一輩子的朋友，你就不需要為他喜不喜歡你而這麼難過。

如果他們是不會陪你走一輩子，也不是真心對待你的，你就不要難過！辦公室的同事也好，上司也好，他跟你虛情假意，有什麼關係，你就跟他虛情假意。

這就是生活。演不來怎麼辦？閃！真的就閃。

大家以為我通靈都不會遇到這種問題，其實，我也會遇到那種虛情假意對待我的人，我也是快閃。沒有什麼關係，就閃遠一點就好，不用太生氣。

因為他們本來就不在意我們，我們也轉個方向，好好的去過自己的生活就好。不要害怕，不要擔心。

面對那些謠言、流言蜚語，我也沒在怕的，他想講什麼就講，因為我也不在意他講什麼，他喜歡講就盡量講，能夠讓他心情好一點，也是幫助他的一種方法。

認識我的人，覺得我是一個什麼樣的人就是一個什麼樣的人。

認識我的人，要是覺得我是一個很好的人，那就是很好的人；若覺得我是一個很討厭的人，那就討厭，沒關係。

他覺得我是一個什麼樣的人，無所謂，日久見人心。

人生真的不用太計較，人生也不過短短數十年，真的計較不完。

生活當中就是要勇敢，勇敢地去面對苦，因為每個人其實都很苦。

你如果叫大家把自己的苦寫出來，大家都會寫很多。

菩薩每次來，很多時候，都是在幫大家收苦，把很多的苦收走。

有的人經歷了生老病死，面對生病，面對身體慢慢不聽話了、慢慢老去，很多器官開始慢慢的退化了，心裡面也是一種很難過的感覺，你會覺得：「以前我年輕，我可以怎麼樣……現在老了，身體不聽使喚了」，你很難過。人多多少少都會這樣。

然後可能要面對家人生病了，爸爸媽媽年紀大了，身體不再像以前那麼硬朗了，每一個人都會遇到這樣的問題。

因為很苦，所以讓你更勇敢，這就是為什麼我們來投胎的原因。

當面對這些問題的時候，自己變得更勇敢了，而且覺得人生很好，因為有苦，所以讓你更懂得珍惜。

我們都很難處理生老病死，但是我們還是要面對。

有時候，發現自己真的不行的時候，就跟菩薩講講話。

有人說：「我不苦，只是很迷惘，找不到方向。」

這其實也是另外一種苦。

有的人苦於沒有男女朋友、沒有另外一半；有的人苦於沒有小孩；有的人苦於家中的人有精神上的疾病，找不到應對的方法。因為你很想控制對方，可是你沒辦法。所以，每個人其實都有很多的苦。

面對苦的時候，我們真的就唯有接受苦，適應苦，然後處理，就對了。

開朗、樂觀的人，比較能夠面對困難，所以，我們無論如何也要想辦法苦中作樂。想辦法適應那個苦、解決那個苦，然後盡可能的把這些苦降到最低，苦盡就會甘來。

相信我，越勇敢，你就會越幸福。

什麼都沒在怕的時候，連苦也不怕了。

勇敢愛著

修忍辱，別怕愛你的人會離開你

有一天我很難過，因為遇到人家的攻擊，我就問菩薩怎麼辦？

菩薩跟我講三個字：修忍辱。

人生當中，有很多事情是不需要回應，不需要去辯解的，就是這樣子。因為會認為你是這樣的人就會這樣，喜歡你的人就會一直喜歡你，不喜歡你的人他可以找出各種理由去否定你、攻擊你，所以講得再多或努力去討好對方，都太累了。

所以，真的就做你自己，不要背著包袱繼續往前走，要丟下這個包袱、放下這個包袱往前走，你的身上才會輕，才可以裝進新的東西、新的工具繼續往前走。

對你有幫助的東西，你才背在身上；不該背在身上的垃圾、負面的東西，就把它放下來，然後帶著輕盈的身軀繼續往前走，這樣，你的靈魂才會維持在最乾淨的狀態。

別怕愛你的人會離開你。

有人問說：「在公司裡被一群同事霸凌，然後大家都選擇不跟我說話，大家都離開我了？」

大家的選擇是一種改變，變得不想跟你說話，不想跟你交朋友，是什麼原因讓他們改變了？

其實，原因一點也不重要，他們就是變了，變了就接受，沒什麼好傷心難過的。

這世界上可以成為你朋友的人，還有很多。

他們離開了，可能他們不適合你，或者你不適合當他們的朋友，有緣則聚，無緣則散，這都是變化，沒有什麼關係。

菩薩有講過，變，其實就只要一瞬間；可是不變，也在一念之間，你的念頭可以操控自己不要變。

所以變是很快的，而且掌控不了，速度驚人。

離開就離開了，你還有別的朋友在，這世界又不是只剩下這些朋友，離開就是跟你磁場不合，不合、離開了，就好好的說再見，這樣就好了！

他不是很愛很愛你、跟你捨不得分開的朋友，他不愛你了，討厭你了，就離開、分開，各自去找各自的朋友。

朋友沒有好跟不好，只有適合跟不適合，沒有關係！

每一個人都有學習的管道，每一個人都有學習適應的環境，不管怎麼樣，我們都給對方最大的祝福，因為畢竟都陪伴過對方。

如果我們再糾結在那件事情上面，你又會開始難過，所以我們要儘快的讓那個情緒趕快通過。

你的另一半跟你的孩子一定可以給你最大的依靠，你總歸要回到照顧的責任，照顧另一半、照顧孩子，你沒有時間再去想那些人為什麼要背叛你、遺棄你，因為他們不是你生命當中很重要的人物，他們沒有辦法像你這麼幸福。

我們幸福到要忙著去玩，忙著去討論人生的功課、忙著跟朋友一起喝下午茶，哪有時間去管他們？他們都在講別人壞話，不累嗎？我們幸福到忙著幸福，所以，我們真的沒時間去管別人要怎麼樣講我們，自己快樂最重要。

而且真實的朋友，有什麼都會直接講，都講實話，因為我們都希望對方好，那是緊密在一起像家人的力量，也許我們沒有血緣關係，但我們的情感就像家人一樣緊密的連在一起，是希望對方好，沒有想到要自私或在意自己的感受，就只是希望對方好。

不要忘記，你的人生很真實的掌握在你自己的手裡，不是在別人手裡。

而喜歡你的永遠都會支持你；不喜歡你的人，他永遠會編造出一大堆的理由來說話。

我們人生哪有辦法管這麼多，一定要過好自己的生活！

幸福真的很忙！忙著幸福，沒時間理那些事！

記得，別怕愛你的人會離開你，愛你的人不會離開你。

自我覺苦的循環

菩薩要我們去體會一件事情，叫做「自我覺苦的循環」。

人會覺得痛苦，人會找到解決痛苦的方法，解決了之後，人會覺得舒坦，舒坦了之後，又會找痛苦，之後，又會覺得舒坦。

這個自我覺苦的循環，有時候是自我造成的。

為什麼人要這樣？這是上天給予的嗎？還是人自己自找的？為什麼會有這樣的循環？為什麼為出現這樣的循環？人為什麼不能適應於平靜，而要有這樣的循環？

再來就是，有入有出有執著。

你有入口，你就會想要找出口，也就是人找到入口、進入了入口之後，就一直想要找出口，因為你覺得進去了就要找出口，然而，有些地方是你一旦進去後根本就不用找出口的。

可是，為什麼人執著於一定要找到出口？

如果你進去一個好的地方，你不一定要找出口。

今天，假如你的靈魂可以回家，你為什麼一定又要再回來？

所以，人有時候有了入口，便要找出口，這就是人的一個執著。

我也可以在進去之後，不出來，甚至於我不需要知道出口在哪裡，因為我覺得既然這個入口是我選擇的，我就應該待在這裡，人是不是就不會覺苦了？

這個入口是我進來的，我找不到出口就開始痛苦，然後找到出口又出去了；之後，又再去找下一個入口，然後再去找出口，就這樣一直不斷地自我覺苦循環著。

所以，到底要做到什麼樣？有沒有可能是我進入一個入口之後覺得：這裡就是我心之所嚮，順其自然，也許有一天，出口會自己出現？

有一天，也許我不去找出口，但其實我是進入了另外一個入口，它未必是出口，所以，我也許是一直不斷地在進入一個新的入口，我不用找出口。出口，在感覺上，是我們想要把很多事情終結掉，很多事情想要做一個交代，很多事情要給它一個了結。

但在這世界上，很多事情是沒有了結、沒有終結、沒有結果、沒有答案的。我們人生就是一直不斷地在找尋一個學習的目標、標的，但它可能沒有一個學習的終點、學習的成果、學習的結果。

假設你今天說你要學習忍耐，到底什麼樣叫做學習完忍耐了？永遠沒有學習完忍耐這件事情，因為忍耐這件事情會一直不斷地出現。所以，你就會一直不斷地進入所有的入口，它沒有一個出口可以出現。因此，人不要再執著要去找出口，人就是一直不斷地進入很多的入口。很多事情它沒有一個結果，沒有一個標準答案，你就必須順應著時勢去做一些改變。

也許，前幾年我們說：「聚寶盆內的金元寶不可以壓到錢幣」，到了現在，這麼多人有這麼多的執著，為了金元寶不要碰到錢幣，花了更多的錢去買聚寶盆，花了更多的錢又重做，那還不如不要執著，告訴你碰不碰到都無所謂。

佛法為什麼在變？佛法說的為什麼跟之前不一樣？因為佛法在適應人性，因為人性把佛法變得更不一樣了，所以佛法要更生活化、更有彈性，讓人們去學習接受它。

當人們學習選擇去接受它的時候，不是因為佛法產生了多大的作用，而是人們挑選了適合自己的佛法，人也會有覺性，會去選擇適合自己的佛法。

聽進去了，他有一些改變，他才有第二個入口可以進入，才可以更深層地去接觸他想要的。

否則，當他沒有得到任何收穫、任何回饋的時候，他不會進到第二層入口去：「我找不到啊！我來到這裡根本沒有什麼！不用再來了！」所以，他沒有機會再繼續待在這裡或再繼續往前走，看到前面還有什麼。

你找到了心裡面的答案之後，知道答案都是從心裡面開始的，就要找到讓我們生存下去的理由。

生存下去的理由是什麼？生存下去的理由，有的時候，是為了別人而生存；有的時候，人活著不是為了自己，而是因為怕自己死了，某人沒照顧，反而導致他跟著你死。

所以人活著，很悲慘、悲哀、悲傷的部分是，有的時候，人不是只為了自己而活，你還要為別人而活，你還要活給別人看，讓別人依附在你身上，看見你，然後他活了。這就是人有時候身不由己的過程。

每一個人的部分都是為了別人而活，人是一個對應源頭，很多東西都是從人開始的，有的時候，就是為了活著一口氣。

但菩薩說：人就是要勇敢，活著，就是要來歡喜的承受。

體驗弱勢，照顧弱勢

菩薩說，要學習體驗弱勢，照顧弱勢。

體驗弱勢，會有一個課題就是：我明明知道自己是一個資源很豐富的人，可是有時候，我需要幫忙的時候，或是我需要求助的時候，我發現自己的資源、可以幫上忙的卻是有限的，我就會覺得自己變成弱勢，反而需要等待別人來幫我。

等待別人來幫我之後，我處理完自己的問題之後，我又開始變得豐富了，我就可以用同樣的方式去幫助別人了。

不管是資源也好，心靈上的也好，我從沒有、虛到實，我就可以把這個「實」拿去幫助其他人，然後一直不斷地循環著。當你資源用盡了，又會變成一個弱勢的人，需要被幫忙的人，當幫忙完自己，就要幫忙別人，這就是一個循環。

你會發現自己有殆盡的時候，不管能量也好，用途、物質方面，都會有殆盡的時候，但你不要擔心，它一定會有飽滿的時候，那個就是需要等待，以此來蓄積能量，等你飽滿的時候，再進而去幫助別人。

所以，不用強迫去做自己做不到的事情，只要盡力而為，在自己的能力當中去做自己可以做到的事情，不需強人所難，不需強迫自己，也不需強迫別人。一旦你體驗到弱勢、什麼都沒有的情況下，當你今天是飽滿的，你才能夠將心比心、有同理心，去想到別人什麼都沒有。當有人需要你幫忙，你便會知道要怎麼去幫助他度過那個過程。

當有一天，又遇到下一個人，也遇到同樣問題的時候，你會知道要用什麼樣的步驟去幫助他，當你知道這些心路歷程之後，你便能夠瞭解，他們原來會有什麼階段、什麼階段、什麼階段，你就可以找到方法一步步的來幫助他們，讓他們從空虛到填滿自己。

你也是一樣，從自己空虛到填滿自己，這都是一個從無到有的過程。從一個弱勢體驗到滿足了，這都是一個過程。

悲歡離合，體驗壓力

每一個人的人生當中都會經歷悲歡離合，它的次數也許都很平均，有的人會多一些，有的人會少一些，這不見得是每個人最主要的課題。

每一個人生階段的課題都不同，要學習體驗壓力。

什麼壓力？

我要結婚的時候，剛開始時，我可能會有婆媳之間的問題，會有生育的問題。

生男生女又是一個問題，當我生出男孩子的時候，我就發現我壓力釋放了。

接下來，我有孩子教養的問題、教養的壓力。

找工作，有找工作的壓力；工作上要求表現，有工作上的壓力。

家人重病了，經歷了家人要不要治癒、要不要進行治療的壓力。

每一個抉擇都跟壓力有關，但只要你知道：我壓力來了，我要找到釋放我心中壓力、面對壓力、接受壓力、處理壓力的方法，我就可以讓壓力在我的身體當中度過一個時間點，釋放完畢之後，我就去處理，處理完畢之後，就沒事了！

處理完畢之後，會不會再接受下一個壓力？

會！每一個階段都會不同。

總比有的人是體驗苦來得好，我只是承受壓力而已。

那壓力也有可能是：「我現在想看那一場演唱會，可是我買不到票，但是我很想看。」那也是一種小小的壓力。

所以，人生就是來體驗這些循環中的壓力的。

壓力就是這樣，當這個人本來能夠承受的壓力很有限，到後來他可以變大、變大，再變更大，這時候，你會發現，人生當中的許多小事好像沒什麼，因為你會去看你之前過去走的那一段路，你會覺得沒什麼。

還有一點就是：「我走過來了！我可以跟別人分享這個經驗，我在那個當下，我是怎麼處理的。」

每一個壓力都是你的養分，而你的這些養分可以去教育別人，教大家怎麼樣去釋放那個壓力。

當然，你可能會再遇到一個更大更大的壓力，因為是更大的壓力，所以，它所需要的時間、空間、力量、力氣、精力、智慧，都比一般時候還要來得更大，每次的運作，就是一個很大的循環。

在這個循環裡，我們要去謹記每一個細節，每一個細節都可能從過去的壓力累積成某種智慧來處理，結束之後，你就會知道：「我戰勝了這一次的戰爭！」舒服一下，我再等待下一次的壓力，什麼時候會來不知道，也許都不會來了也說不定。

也許，我有可能把別人的壓力撿過來處理，我幫助他，因為他不知道怎麼處理，我先把它弄過來，我來幫助他弄完了之後，再把它丟還回去給他做最後的處理，也是很好的。

假設有一天，兒子跟女朋友吵架了，兩個人都在氣頭上：「咱們大家都不要聯絡啊！」你要把這個壓力搓搓搓，搓到後來，再把壓力放回去給兒子，兒子接受那壓力的時候，他願意去面對、去處理，之後，兩個人沒事了，你會覺得：「原來我兒子也在學習，另外一個人也在學習。」這些過程都是好的。

釋放、解決問題的壓力來源，接受這些壓力的挑戰，然後釋放他們，這個過程變得很重要，因為過程中的學習，可以教導他們更釋放。

所以，一定要有老師才能教導身邊的人嗎？沒有！

我們每一個人都是家人的菩薩，我們每一個人都是身邊人的菩薩，對朋友也好，對家人也好，都很重要。

「我有感覺，怎麼老是一直接球、接很多的壓力，而且還越來越大？」

如果今天我們沒有辦法承擔這麼大的壓力，上天絕對不會把這麼大的球做給我們。一定是慢慢在看我們可以，才會給我們這樣的東西。

有一次，我問菩薩一句話：「為什麼我們的人生都那麼苦，而且有的時候還覺得越來越苦？」

菩薩那時候回答了：「因為我們學習得越來越多了，我們的智慧跟我們的能力都越來越增長了，所以給我們的難關會越來越難。」

人生沒有越來越輕鬆的，只有面對的挑戰跟困難越來越難，我們卻可以用我們的智慧去處理它，這樣，我們才可以在人生當中一直不斷地進步。

「如果卡住了，怎麼辦？」

卡住了，不要急，不要急著要馬上解決它！

不要急，停下來，看看它，然後修正一下自己，換個方法來做，就會看見不同的問題，就會找到不同的解決方式。

有時候，我們人是這樣的，不能看見問題在那裡，一定要馬上去處理它。

菩薩常常講：處理一件事情，本來就是需要時間。

時間多、少，能不能自己去爭取，能不能改變方式，都是一個方法。

今天假如你加班，每天都要加班到十一點，你如果永遠都不去跟你的上司反應做不來，你就是一直默默承受的話，可能接下來就是你過勞死了。

可是你願意努力看看，試著去跟公司爭取調整一下，你有努力，你的努力他們都看見，他們就會派助理給你，派其他人來協助你。

你也學習到一件事情，就是：只要有說，只要我們願意努力去爭取，試試看，有試總比沒試的好。

誰都不知道這件事情我們做了會不會成功？我們永遠在做了之後，才知道可不可行。所以，很多事情是一直要不斷地去試試看的。

試了，沒用，我們不生氣，因為這是應該的，我們本來就要靠自己。試了，如果成功了，我們非常感恩，感恩來幫忙的人：「你們每個人都是我的活菩薩，因為你們現在活生生的救贖了我，我非常感恩你們，我要珍惜你們來幫忙的機會。」

大家可能就會破除謠言：「你說他很難搞？不會啊！他對我們很好耶！」謠言不攻自破，就是這樣。

當別人對你產生疑慮的時候，記得，不要急著去澄清你不是那樣的人，不用！你就做你本來就在做的事情，因為有一天別人會看見你真的就這樣。

每個人總有被黑的時候，沒有關係！就黑嘛！

黑的時候，不用管別人怎麼看你，你看自己是白的就好，你沒有就好。

別人怎麼看你，那是那個人眼睛的問題，他思想的問題，他已經認為你是黑的了，他怎麼看你，你都是黑的。

如果這個人已經不喜歡你了，你說得再多，他就是不喜歡你，就算做得再好，他也不喜歡你，那麼，我們何必去強求？就隨緣吧！

算命算孤獨

問：「算命說，我會孤獨到老，孩子也不在身邊，有這麼慘嗎？」

我們去算命的時候，有的人會說：「你福氣不好，孤獨終老。」

其實，我們最後走的時候，如果不是兩個人一起發生意外的話，每一個人都是單獨的走。

所以不要這樣想。

我們離開的時候，身邊一定會有人，這都不算是孤獨終老。

但是我們要懂得接受的是，孩子本來就有孩子的人生，孩子本來就有孩子的家庭，所以，我們現在就要努力的把自己照顧好。

我們不可能會孤獨終老的，為什麼？因為我們身邊會有朋友。

我們要珍惜跟朋友在一起的時間，因為我們老了之後，我們的朋友其實也是跟著一起老化了，要珍惜每一個朋友還在世的時候。

當朋友離開了，我們每一個人都去送他，所以我們都是互相的。

有的時候，好友不見得要天天見面；有的時候，不見得要常常見面，但是你知道，當你有問題的時候，你有人可以講話，你有人可以找。

你的好友不一定要多，少少的就好了。

當你真的需要他，他會馬上來。

好友不見得是一定要黏在一起的，但是你就是會想到他。

這些人都是要跟著我們一起變老的。

你要去在乎什麼樣的人？就是這些會陪你一起變老的人，到老了還會陪在你身邊的這些朋友，我們都要好好珍惜，因為很難得，所以我們要好好珍惜。

我們老了的時候，他們也會陪在我們身邊；他需要我們的時候，我們也是到他身邊去陪伴他，這才是真正的好朋友。

「我很珍惜身邊的人，很重情分，可是好朋友最後都會無情的背叛我？」

好友應該是不管遇到什麼困難都會陪在身邊的。

真正遇到困難時，不離不棄的，才是好朋友。

不會因為距離的關係，不會因為你做了什麼，或是別人說了什麼，而改變對你的看法。

那些別人說了什麼就改變對你的看法的，都不是真的朋友。

你要堅定你的信心，因為你不是壞人，你是善良的。

所以，今天如果有人聽了什麼而決定「你是個壞人，我們不要跟你在一起」，無所謂，這就是緣分，真的就隨緣。

算命說你會孤獨，聽聽就好，你想要不孤獨，多結交一些好朋友，人生路上不孤單。

好的欲念，能量飽滿

有人問：「在與菩薩對話的座談會中，聽到有些人是因為想學習而選擇下來投胎。這算是一種欲望嗎？菩薩有教我們要少欲。」

這是一種好的欲望，這是一種求知的欲望，是為了讓你的靈魂更加的精進，以致於你落入人間之後，可以更精進的學習。

他們學習能力一定是很強的，他們可以在學習之後，幫助到身邊更多的人，完成任務之後，再回去。

回去的時候，他們的靈魂非常的開心，非常的飽滿，非常的快樂的。祂會在那邊過一段時間之後，覺得又沒什麼了，才又下來。

這就是另外一種輪迴，他一直不斷地覺得要嘗試。

而下面的人生是一直不斷地在做改變的，他兩百年前學習的，跟兩百年後學習的東西一定不一樣，但他們可以融入在這個社會、情境當中，非常快速、迅速的吸取新知之後再上去，然後再做學習，再做善的布施、知識的布施，然後再回來學習。

其實就是這樣，人永遠不會趨於滿足，但這種滿足是好的、是助人的、是慈悲的、是開心的。

「會不會回不去？」也會！走偏了會回不去。

所以，有些老師為什麼剛開始走的是正道，到後來卻變了？

有很多老師真的都是這樣，剛開始看他都很好，後來，越看越不妥。因為在人生當中，他可能遇到生活上、感情上的困難，他可能失去了他原本所該堅持的，他慢慢變了，其實，這都是這個人間讓他產生改變的。

所以人要堅持，是一門重大的課題。有了善的開啟，便要堅持到底，不要被欲望纏心，不要被魔鬼利用了，好好的堅持善，才能走在正道上。

想要能量飽滿，隨時擁有好念力，就能讓你擁有飽滿的正向能量。

飽滿靈魂能量

有人問：「除了學習，還可以如何讓自己的靈魂更飽滿？」

你就記得，只有一個宗旨，你的靈魂一定會飽滿，就是單純、淨化，無論如何，你的靈魂都要保持在一個乾淨的狀態。

什麼是乾淨？沒有雜質，沒有邪惡，沒有邪念，是美好的，這個念頭進來你的身體裡面，你要讓它變成好的，不好的不要讓它進來。

譬如，現在有人抱怨我的工作：「你怎麼這麼不負責任！你怎麼這樣子！」

「喔！好！我會注意！」

我不要去解釋成：「他罵我，說我工作不認真！他什麼東西啊！他自己有很認真嗎？」不能變成這樣。

他講我工作不認真：「好！我知道了！我要注意！我一定要讓他知道我很認

真，我要把自己的事情做好，所以，我要注意我有沒有什麼事情沒有做好的。」

不管什麼我都把它變成正向的，進到我心裡面來的全部都是乾淨的能量。

他說我很胖，「是啊！真的胖啊！」

你在看自己跟你在看別人問題的時候，它都是一個正向、沒有怨、沒有恨、沒有生氣、沒有憤怒情緒的，什麼東西到你身上來，你都要把它轉化跟規劃成為好的。

「我們看著情緒流動，我們知道它來了？」

我知道情緒來了，我知道他這樣講我，我會生氣，可是我要想：「也不是沒有道理。」其實就是一個轉換：「他說的也沒錯，我為什麼要生氣？我覺得他一定有他的看法，他一定看到了什麼我看不到的。」

它其實是一個非常強大念轉的機制。

能量的飽滿，就是要把很多很強大的東西吸收進來，把資訊吸收進來，把訊息吸收進來之後，全部轉化成正向的。

你不能要求所有的訊息跟所有的能量，都要美到一個極致、善良到一個極致、完美到一個極致，不可能！

很多不好的東西都進來之後，你要能夠經過你的轉換系統，把不好的東西用離心力把它去除掉，在你心中只留下好的。

它需要一點時間，不是馬上！

因為我們沒有這麼強大的機制，它需要一點時間。

也許，你生過氣之後才發現：「他說的其實也沒錯」，這時候我們就願意懺悔、願意原諒、願意釋懷，這些都是一個強大的能量，讓靈魂變得飽滿：「對！我要更勇敢，我要更好！」

這個氣場跟這個能量，都會因為你的念頭，而讓你產生強大且正向的能量，讓你把好的東西凝固得更好，不好的東西都自然地剔除掉了。

所以，這個人變成永遠都只有正向的想法，別人跟他在一起，不管遇到任何問題，他總是可以用正向的能力去解決，更不用說是自己了。

所以靈魂的飽滿，靈魂能量場的飽滿，象徵著我們在這個人世間當中，不管我們經歷什麼、吸收什麼、遭遇什麼，它都可以做一個轉化。

除了可以幫助我們處理問題之外，更重要的，還可以幫助別人，給予別人很大的穩定的磁場。

譬如有人正在哭，有人心裡面很難過，他一直憋著，他都沒講，可是有一天遇到你了，他看到你，他不知道為什麼就抱著你哭了，忽然間，他的心靈就像是找到一個磁場，釋放了。

為什麼？因為你的能量夠強大，所以他的靈魂看到你，他很放心的把這些東西交給你。

你幫他拍一拍：「沒事的！不管你發生什麼事情，都會沒事的！」

接下來，他可能會慢慢的跟你講或不講，都沒關係，因為你已經用你強大的磁場來安定他的情緒了。

這麼一擁抱，已經勝過了所有的語言了。

為什麼菩薩教我們要有慈悲心，要有智慧？
就是一直不斷地想要讓我們在身上留下更多的能量，可以幫助到更多的人。
每一個人都是菩薩，善心可以讓你成為真正的世間佛。

福地福人居

有人問：「菩薩曾說福人居福地，如果自己的心念夠好，不用擔心風水的問題。可是在過年時，菩薩還是有排風水場，或者在排流年時，菩薩可能會叮嚀不要去哪裡，以免沖煞。今天如果自己的磁場夠好，還需要擔心風水跟沖煞嗎？」

如果你自己磁場能量夠好的話，你會覺得：「我不用排風水，我不用排流年，我就靠我自己就好了！」

為什麼有時候我們要提風水、提流年？

因為有些人的靈魂能量還不夠飽滿的時候，他必須要靠別人來指引他，給他一個方向。菩薩的流年場給予許多人重大的幫助，當你需要幫助的時候，流年場提醒了很多人注意事項，幫助了很多人。

假設今天，我覺得我家都已經很好了，可是，我總是希望菩薩可以多給我一點什麼，或是在新年的時候可以多幫助我一點什麼，之後，我在家裡忽然間擺了這個東西之後，我就會覺得氣場能量轉換了。

這是菩薩給予這個人的指引，希望他透過這個指引，能夠讓自己覺得自己的磁場能量飽滿。

你必須承認，有些人必須要透由一些物品跟一些感受，能夠讓他直接的看見東西改變了之後，他便能感受到他的不同。

就像為什麼有些人會覺得：「我改名字，我就覺得我真的一路好命。」

那是因為他的信念。

所以，有些人可能必須要透過風水來修正。

但是也不可否認，我們在風水場當中看見有很多人的家裡真的有很多的鬼。

他的想法就不是福人居福地。

他就是因為他覺得自己住的地方是有問題的，所以他才會一直有負面的情緒、負面的能量。

開這樣的場次，真的就是幫助大家找出家裡風水真的不對的地方，然後去做一個改變。

看風水場，有的時候是真的看見家裡有鬼了，我們要去做一個清理；擺設不對的，我們也要去做一個清理。

福地福人居，你的房子總是有適合你的地方，你的心念好，自然能衍生出好福氣，讓你居住得平安、順心。

風水改運是可以的，如果你要去做一些改變的話，你可以在家裡的風水裡放什麼東西，這個本來就是可以做到的，每一年的風水氣場本來就不一樣。

你如果覺得自己的磁場夠強大的話，你可以什麼都不要做，當然也是可以的，但你就要磁場夠強大。

「有時候，菩薩會提醒我們在流年的某個月分不要去參加喪事，可能會沖煞？」

你有辦法一年十二個月每個月磁場都非常強大，每分每秒磁場都非常強大，你不會遭受到情緒上的波及嗎？你沒辦法！

所以，菩薩會告訴你哪個月不要做什麼事情，是因為那個月你可能會碰到一些事情，讓你磁場不夠強大，你就必須要靠著這些來保護你自己。

不是每個人一天二十四小時磁場都非常強大，就連我也不可能，我也不可能永遠都是一個能量飽滿的狀態。

所謂的能量飽滿，不是這個人一輩子都能量飽滿，不可能的，我們一定會有遭受情緒波及的時候，但它是我們學習的一個宗旨，我們不可能一輩子、一整年都是能量飽滿的，所以，我們有時候還是要仰賴別人幫我們。

我們心情不好時，有時候，也是要尋求別人的幫助。

千萬不要把人「神格化」了，我們是人，所以我們還是要祈求別人的幫助。有時候，我們還是會有能量不飽滿的時候，還是有需要別人幫助的時候，人不可能不用人家幫助的。

「排流年時，有時會提到某個月要平心靜氣，是因為菩薩看到我們那個月的磁場不飽滿？」

是的！所以，有人在那個月的第一天就開始生氣了。

就像菩薩跟我說的，我戴某樣飾品可以防小人，我每次戴那飾品，就覺得我那一天沒小人，都覺得超順的，所以我包包裡面都有它，隨時就準備，萬一今天不對勁，趕快戴。

你說真的有作用嗎？當然有用。

至少我心裡面覺得我有被保護，不管別人怎麼說那個東西有沒有用，對我來講，在心靈上，我覺得有加持的作用，我覺得開心就好。

心念會讓我產生好運氣，我相信，所以信念與菩薩皆在。

一切都是最好的安排

你的生命當中，也許會發現有些狀況、有些事件不在你的預期裡，它是忽然間發生的，你從來沒有想過這件事情會發生在你身上。

冥冥之中，一定有些因果安排，是必須要讓這些事情發生的。

例如，你跟這個人的緣分到此為止，有人出現了，把他帶走，離開你的身邊。

例如，小三出現了，把你的最愛給帶走了。

發生了怎麼辦？一定要告訴自己，這是最好的安排。為什麼？

「老師，我真的心痛，我的另一半被搶，很心痛，你怎麼可以說這是最好的安排？」

當然，這是最好的安排！因為如果這個人夠愛你的話，誰來追求他都沒用。

所以，這個人本來定心、定力就不夠了，別人一勾引、一追求他，他就走了。

這時候怎麼辦？告訴自己：「這真的是最好的安排！祝你幸福，不要再回來，就算回來，我也不要。」

但有太多人是對方要求跟你復合，你還是接受了，你說：「我也在學習接受。」很好！一切都是最好的安排。

不管怎麼樣，你都可以告訴自己：這是最好的安排。

在感情當中，你覺得他不愛你，你就趕快離開他。

你不要花太多心思在一個不愛你的人身上，做好在感情當中的斷捨離。

因為他不愛你的當下，一定會有一個人在遠方默默的守護著你，只是彼此還沒遇見。

你們可能在一遇見的時候，會忽然間發現：「原來我應該早點離開的。」

而在每一個當下遇到的每一個人，他帶給你的美好都是真的，不要去想那些不美好的。

他畢竟跟你在一起過，他畢竟愛過你，你們畢竟各自擁有了各自的幸福，都好！

不管是情侶或朋友之間，都要學習著如何在分開了，還要敞開心胸祝福別人。

然後，不要過多的關注你的仇人。

你既然這麼不喜歡他、討厭他，還要關注他，還常常去看他在做什麼，你也太不自由了吧！

你為什麼要把這麼多的關注留在一個你已經不愛的人身上呢？

請你好好的去過你的生活。這麼多年了，你就忘了他吧！

所有的事情都是最好的安排，包含你現在也許面臨著失業，也許面臨了轉換工作的狀況，甚至於可能在親人之間有一些情愛糾葛。

什麼叫親人之間的情愛糾葛？

媽媽比較愛姊姊，爸爸比較愛弟弟，我沒人愛；或者是誰要顧爸爸，誰要顧媽媽；或者是財產要怎麼分，類似這種，請你相信，一切都是最好的安排。

今天我們的生活當中，會讓我們看見這些人性、計較、貪心、貪婪，甚至於你會發現有些人講話咄咄逼人，你會看見有些人臉上的線條不太一樣，如果你真的受了一身的氣，請你相信，這一切都是最好的安排。

你學習接受就好了，不要跟自己過不去，學習接受這是最好的安排。

告訴自己一個心法：很多事情隨緣就會自在！

很多事情強求不來，強求不得。

在意了以後，你就會想要強求；強求了，就會有很多的貪念出現；有貪念出現，人就會變得不快樂，因為你一直不斷地執著想要得到、想要改變它。

有些事情你會發現：改變別人，改變不了；改變自己，反而很快，那麼，就先從改變自己開始。

先學習讓自己看開，接著看透，然後就能夠明瞭了，所謂明瞭就是知曉了，當你明瞭了之後，當你知道這一切不由你的時候，由不得你來做選擇的時候，你就會知道：「我接下來就要學習接受了。」

在所有的經歷與所有的過程裡，現在，也許你在等待，也許你有很多的煎熬，你要相信，菩薩一定會做最好的安排，而這個安排是一個學習的過程，它可能會有很多的經歷，它可能會有很多的焦急。

也許你會問：很多時候，為什麼不能立即給我一個答案，讓我能夠做選擇？人生唯有在痛苦的時候，才更能夠領會到那些過程的艱辛，也才會更珍惜現在當下你所擁有的。

如果不能夠經歷一番的苦痛，你很難記憶深刻。所以，學習相信菩薩會做最好的安排。

學習接受

學習接受，這是人生當中很重要的課題。

有些人是沒有辦法接受的：「為什麼？為什麼是我？」

如果你是這樣的想法的話，你的人生會覺得有很多不公平的對待，你會有很多的抱怨，你會有很多的不滿足，你會希望所有的好運全部集中在你身上，但是，這是困難的。

所以，我們要能夠接受這一切是最好的安排。

如果現在我生病了，我也要相信這是最好的安排。

唯有生病的過程，我才能知道，原來我在過去這麼不愛惜自己的身體。所以，我們現在也要開始學習怎麼樣吃得天然，盡量不要吃太多添加物合成的東西。例如醃漬品、加工食品、不是食物原型的，盡量少吃。盡量去吃食物的原型。

如果你是身體上出現狀況的，請你學習接受。有的人不能接受自己身體上的變化。當人五、六十歲的時候，最常來問的一個問題就是：「為什麼我會生病？」

我們要學習接受我們會老，肉會垮，油會多，記憶會變差，我們都要接受可能到了一定的年紀，我們會有一定年紀的樣子，我們也會有在一定年紀時，生理上應該要有的變化，眼睛會退化，膝蓋關節會退化。

除非你在年輕時就開始做保養，即便如此，我們也要逐漸接受我們在身體上的不同變化，人老了，人的器官一定會有退化、衰竭的情況。

當你接受了，你就會知道：「我的身體已經讓我用五、六十年了，我有一天也要跟它做告別，不要去強求。」

當然，你很努力的為了自己達到某些健康的目的是可以的，你想做什麼就去做。

有些人的個性天生就是消極的，他只要一聽到自己生病了，就說：「我來去死一死好了！」不是這樣的。

你都還是要積極地去為你自己的身體做一些努力，而不是放任它去。

所以，我們要接受我們的身體可能會出現一些不同的變化，要接受老化的狀態。

要學習接受為什麼這樣的事情會發生在自己人生當中，接受我們生命當中所發生的很多事情，接受不能如我們所願的安排，不是你想要得到就能得到。

例如說：「我要跟我的男朋友、女朋友、前妻、前夫復合！」會分開，總是有原因的。

你說：「他回來找我了！」可是，可能都還有疙瘩在。

如果兩個人可以盡釋前嫌，當然可以重新開始。

但如果你的心做不到完全原諒、完全釋懷，那還不如就此放下，就此祝福。

不要強求一段很難的姻緣，不要去強求一段沒有辦法得到祝福的感情。

用祝福的方式，來祝福自己、祝福他人：「他要離開，祝福他，希望他找到美好的另外一半，我也會過得更好！」

最近有三位女生寫信給我，她們都面臨了同樣的狀況：「我跟我的男友家境有一些懸殊，男友的媽媽很嫌棄我。」第一個女生，是男友媽媽嫌棄她家沒錢；第二個女生，是男友媽媽嫌棄她的學歷不如她男友；還有一個是對方媽媽嫌棄她是單親家庭。這三個代表不同的故事，男方的媽媽都很討厭女方。

其中一個媽媽直接打電話給女生：「請你不要再跟我兒子聯絡了！」

另外一個媽媽是想辦法要求自己的兒子不要再跟女友聯絡了。

還有一個是男友媽媽在她來的時候直接就瞪她、嗆聲，然後把她趕出去。

這三個女生都很傷心的來問，能不能繼續下去。

我沒有辦法給她們很明確的答案，我只有告訴她們思考的方向。

這三個案例裡面，其中有一個男生說：「我會跟我媽講，你對我很好，你對我很重要，媽媽也對我很重要。我會一直不斷地努力，讓你們兩個有和平相處的狀態。」

另外一個男生就直接跟女生說：「我想要聽我媽的話，因為我媽照顧我很久了，我覺得我們暫時就先不要聯絡，先分手好了，以後有緣的時候，我們會再相見。」

第三個男生就說：「我們就先分手！」也沒後面的答案了。

如果你是這三個女生，很兩難，你會怎麼辦？到底要不要跟他在一起？

「老師，難道我的婚姻、我的感情真的不能被祝福嗎？」

我都只有一個原則，如果這個男的夠愛你，他絕對不會跟你提分手的，他一定會想辦法，他要去想辦法，那就是他的智慧。

他不能不愛他媽媽，因為他不愛他媽媽，也象徵著他是一個不孝的人。

所以，他的人生課題就必須一直夾在兩個人當中，一會兒媽媽，一會兒老婆。

如果他夠愛你，他不會輕易跟你說分手。

如果他跟你說分手，你一定要知道，他真的愛他媽媽勝過於你，那你就讓他去愛他媽媽，成全他。

你也不要傷心難過，男友的媽媽打電話來罵你說「不要再跟我兒子在一起了」，如果你是她，請你快點離開。

因為你強求了進入那段婚姻，你不會快樂的，你可能每天被白眼。就算不住在一起，有時候，重大節日總是要團圓，婆婆跟親戚朋友講一些話，你也可能承受不住，為什麼要把自己變得這麼辛苦！除非你的老公是護著你的，這當然另當別論。所以，關鍵點在於男方夠不夠愛你。

當然，他也不可以說：「我媽算什麼！那個老太婆！」這下子他也不孝，你也不要跟不孝的人在一起。

因為他不孝，他未必有福氣，跟他在一起之後，搞不好也會發生很多事。

面對這樣的問題該怎麼辦？你的另一種做法是：「沒關係！我想一定是他媽媽還不夠認識我，所以，她對我會有這樣的想法。我想要有更多機會跟他媽媽多相處，讓她認識我。」

女生要寬宏大量一點，不要小心眼：「她不喜歡我，哼！我也不喜歡她！」

那你就先輸了。

人跟人之間一定要相處過，讓她有機會多認識你，並叫你的男朋友多回去關心他媽媽，這樣，男友的媽媽才會覺得兒子與這女生交往之後反而會常常關心媽媽，而不是被另外一個女生搶走。

也有婆婆很好搞定的，你就是多講一些甜蜜、貼心的話，她們其實是很容易接受的。

這三個女生面臨這樣的問題就很辛苦。當然，每一個人在自己生活當中，所做的選擇都不同。如果是你，你可能會有不同的想法，未必真的對或錯。

我剛剛所解釋的答案也未必真的對或錯，這是要看每一個人在決定的當下，心中在想什麼。

有的男生，他未必真的不愛這個女生，他只是覺得煩：「現在要處理這兩個女人的問題，我覺得很煩！我先逃避！我們先分手好了！大家耳根子都清淨！」

媽媽可能看到這個兒子每天都不講話，好像不開心，「會不會是我造成的？」

媽媽可能也需要花一點時間去反省她自己，並瞭解自己要什麼。然後，兒子這一分手，可能八年了都沒有再交女朋友，媽媽就會知道：「下一次他談戀愛的時候，我不要介入了。」所以，每一個人都運用了時間不停地在做學習。

人總是要受過一點傷之後，才能在傷痛中站起來。

但也不要因為過多的傷痛，讓你看不見愛了。有的人一旦受傷之後，就否決掉所有的人。不要一竿子打翻一船人。

很多事情，也許不如預期地發展出不同的結果，請你學習接受。

接受什麼？接受我們可能會面臨生老病死，接受我們可能會面臨斷捨離的問題，接受我們可能要面臨放手的問題。

還有，孩子長大了，總會有自己的想法。

「你不聽話了！你都會忤逆我！你都會頂嘴！」

他長大了，他未必是頂嘴，他只是講出他的想法而已，你發現孩子會說：「我連講出自己的想法都不行嗎？」

我們曾經也講過這樣的話：「我只是講出我的想法，不行嗎？」

所以，學習接受每一個人生命當中不同的成長，他因為成長了，他會有不同的決定。

媽媽跟爸爸就不要說：「你以前小時候都不會這樣！」因為他長大了，所以他要這樣！學習接受。

當你在生活中、感情中、工作中或健康上有一些不同的變化，而這個變化不在你的預期中時，請你學習接受它。

因為接受它，比較不會有憤怒、抱怨的氣。

憤怒的氣、抱怨的氣，很容易造成你磁場上的混亂，會讓你更不舒服。而生了氣之後，就會越來越生氣，就會招來更多的負能量，你就沒辦法開運。

但如果你是學習接受的，你有福氣，上天總會安排貴人在你身邊，讓你遇到好的醫生、好的老闆、更好的情人、和諧的另外一半，遇到更好的人來化解這一切的危機，總會有一個轉圜的餘地。

所以，我們的人生命運，是一直不斷地靠我們自己的好念力在做運氣的轉變。如果你相信你會好運，你就會一直好運。

如果你相信你怎麼這麼倒楣、怎麼這麼壞運氣，你就會招來更多更不好的事情。我們說「禍不單行」，就是因為你一直想著自己不好的事情。

所以，請從現在開始學會去想：「我每天都很開心！我每天都很快樂！」

學習感恩他人

要學習感恩在你身邊的所有人，尤其是我們的父母親。

有的人很奇怪，對外面的朋友比對自己的父母親好。朋友說：「我會遲到三十分鐘喔！」「好，沒關係，慢慢來。」而爸媽遲到，你卻：「不會快點喔！等很久耶！快點啦！」

感恩家人，尤其是我們的父母親，不要對父母親大小聲。

你跟父母在一起生活久了，你以為他們最瞭解你，但是你想想看，父母跟你相差了好幾十歲，跟他們一定會有代溝的。你的朋友跟你很少有差二、三十歲的，所以，你都可以很有耐心的聽你的朋友講話，但你卻沒有耐心聽你的爸爸媽媽講話。

你爸爸媽媽一看到你回來，好高興的一直跟你講話，但可能你在外面講話講多了，已經累了，你就永遠都是那種：「幹嘛啦？快講啦！好啦！快啦！」

你的爸爸媽媽好不容易等到你回來可以跟你講話的時候，你就一副不耐煩的樣子來對待他們，他們其實是很受挫的。

告訴大家因果，我們現在怎麼對待爸媽，以後我們的小孩便會怎麼對待我們。

所以，對於父母親，我們要懂得感恩，對爸爸媽媽的脾氣可以好一點，多和顏悅色一點。

每一個人的父母親年紀都會變大，都會面臨到生老病死的問題，我們接下來要面對的可能是父母親的離開，我們要學習接受，並可能要面對兄弟姊妹間相處的問題。

有的人說爸爸媽媽不在了，兄弟姊妹就像散沙一樣，永遠凝不在一起。

其實，要看心能不能凝聚，有沒有共同的話題，有沒有共同支持的力量。

還有，會讓人情感分離的原因，很多時候都是因為太愛計較。在太愛計較裡，包含了計較誰付出得多、誰的錢出得多、誰有沒有錢、誰怎麼樣，其實都跟計較有很大的關係。

你有沒有發現，有些朋友都不計較，所以，他們那群相處起來會特別愉快，因為大家都覺得誰有就誰付出，誰可以幫忙就誰幫忙，沒有人會去計較：「上次是我幫忙，這次是你。上次怎麼樣，這次是我。」大家都覺得沒關係。

所以不計較，會讓人跟人之間的感情比較好。

夫妻之間也一樣，有的人會說：「這個家都是我在付出的，他哪有什麼付出？」如果你講出這樣的話，其實就代表著你在計較。

如果這是一個家，如果這是「我們」的家，誰可以做誰就去做。有兒女需照顧，你累了，可以說：「每次都是我，這次可以你幫我嗎？」其實就是幫「我們」，當然，另外一半也要會著想。

如果有這樣觀念的話，便會讓兩個人的關係更好。

有些人是這樣，他很在意別人對他的感覺。你笑臉對他，他就很開心；你臭臉對他，他就一直想要打破砂鍋問到底：「你為什麼不爽？在不爽什麼？」他就以為你不爽他，但可能別人在不爽別的事情。

太在意別人的看法了，有時候就會傷到自己。所以要練就一身的功力，叫「輕功」。

不要太把別人的情緒看得太重，叫輕功。

他臭臉，那是他自己要處理的問題，跟你沒有關係：「他不是因為我而生氣，他也不是因為我而難過，那是他自己的功課！」

他一直要糾結在你的身上，那也是他的事，跟你無關。你不是去挑撥的人，跟你無關，他要有什麼樣的看法，那是他的功課。

所有的緣分都要感恩，這是每一個人的功課。

這個人出現在你面前，可能成為你生命當中的閨蜜或朋友，甚至於是仇人或敵人，不管怎麼樣，都要感恩對方的付出，感恩讓你在這個時間點或是在過去的時間點認識了這個人，才會讓你知道原來有人這麼惡、有人這麼好。

一切發展都需要時間

有很多事情的發生跟發展，都是需要時間去經歷的。

不要說：「可是我要等這麼久，我就是不想等，我就是要趕快，我要馬上看到結果。」這些都是不可能的，因為很多事情都是需要時間的。

有時候，在個性很急的情況下，我們沒有辦法等待。但時間是一定要有的，你發展一件事情總是需要時間。

就像你在做麵包、烤蛋糕的時候，先是桿完了麵糰，然後放入模具，放進烤箱烤，接下來，就是要等，可能需要一、兩個小時的時間烘焙，要快也快不了。

譬如，你在洗衣服，不可能一下子就洗好，不可能的事情！衣服要有洗的過程，也需要有時間去晒乾，不可能一洗完衣服，衣服馬上就乾了；你就算要烘衣，它也需要時間。洗、烘、晒等等，一樣都是需要時間的。

所以告訴自己，在很多事情裡，不要急著馬上要看見結果。

有時候，我們會要求別人：「你馬上做決定！」我在當下馬上做了決定之後，這個結果未必是最好的決定，不是嗎？那為什麼不花一點時間去慢慢的做選擇，想好了，然後再做決定？一切都需要時間。

我們做很多事情的時候，當下那個決定是需要時間的，因此，就不要急著要馬上看見結果。

願意等待，願意有耐心，會讓你等到好結果的，不要急！

很多事情，也許人家現在對你有誤會，也許人家現在對你有所不滿，你可以學習告訴自己：「一切的發展或是看清真相，都需要時間。」

給他們一點時間，讓他們去經歷。

給他們一點時間，讓他們去做安排與學習。

有的人跟情人分手了，是因為有他該學習的，而十年之後復合了、結婚了，彼此因而更加的珍惜，這便成就了一段美好的婚姻。因此，若是屬於你的，有一天都會回來的。

有的時候，看清到底誰適合我們，誰是不是真心的，都需要時間。

有可能在相處十年之後，你才發現，對方並不適合你，之後才分開，那也是需要時間。

所以，很多事情需要時間，就交給時間去運作，不要急！

越急，只會越不能把結果看得更清楚，也不能學習到這過程裡應該要學習到的。

有人看到別人對他不好，他很氣這個人，他很希望這個人趕快得到報應，就會出口說：「他這樣對我，我看他以後會有什麼報應！」菩薩有教過我們，這句話永遠都不要說。

我們永遠都不要說：「我看這個人以後會有怎樣的報應！」這些話我們都不能說，因為會不會有報應、他以後會怎麼樣，都不關我們的事，都是菩薩的事。

菩薩從頭到尾眼睜睜的看著這一切的發展，菩薩知道事情的發展是怎樣，你都不需要講。

有的人會說：「可是我埋在心裡面很苦，沒有人知道我受苦，沒有人知道我是委屈的，沒有人知道我是受傷的，我一定要把它講出來，讓大家都知道！」

其實，讓大家都知道，也不過讓大家多同情你而已，那又怎麼樣。

但事實的發展，菩薩知道，就讓菩薩去定奪就好了。

他會不會有報應，他會有什麼樣的發展，是菩薩的事，不是我們的事，你應該要把時間拿去做重要的事情。

也不要把自己的心糾結在那裡，每天都去看他的臉書：他今天去哪裡了？在哪裡打卡？看到他悲傷：「哈！他也有悲傷的一天！」

你這麼討厭他，你每天都還要看一下他的臉書。

你這麼討厭一個人，你又常常要去看這個人在做什麼，看了之後心情又不好；然後看到別人不好，你又心情很好。

通常，一般人的心裡都是一看到別人很好，我們就會跟著開心的。

如果你看到別人不好的時候，你會有一種痛快的感覺，你可能要想一想，你的心裡面可能有魔鬼。因為不管他是不是你的仇人，你看到別人不好，你竟然會有一點爽快感，你心裡面可能已經被魔鬼進駐了，可能是憤怒讓你失控，仇恨讓你失去人基本的善良，所以，你的心裡面才會覺得有快感，然後就覺得：「呵呵呵！報應要來了！」這樣不好。其實，他會不會有報應，他發生什麼事，我們都要有悲憫的心。萬一你沒辦法講出悲憫的話來，至少，你不要過問。

感恩所有的經歷

當你內心有很多的不安、害怕，你就用恭請菩薩的方式，祈求菩薩給你力量或是給你智慧來化解。

有的時候，你會莫名的傳來一個念頭，那個念頭就是菩薩給你的方法，你可以試試看用這樣的念力或是用這樣的靈感，去選擇一個跟以往不同的決定或答案，大家都可以試試看。

大家在無助的時候，需要幫助的時候，都可以恭請南無觀世音菩薩。

你可以對著菩薩、告訴菩薩說你最近遇到的事情、發生了什麼事，也許你心裡面有一些憂愁、有一些難題，很難以解決，請求菩薩給你大智慧、大勇氣，來幫助你解決今生現在所遇到的課題。

我們的生活中，有時候會遇到難以解決的難關，你無法約束他人，無法干涉他人要做的選擇。

雖然你沒有辦法放手，雖然你沒有辦法坐視而不擔心，但你一定要告訴自己：總有一天，一定會有辦法解決現在的問題。

而現在的你，首先，你必須要先幫助自己，運用你的念力念轉，來改變這個事件，改變你的人生。

先從改變你的想法開始，試著放下，試著祝福，試著不要那麼控制，試著不要執著，就讓很多事情隨著它自己的腳步去發展，讓它順其自然。

不要再計較，不要再埋怨，不要再慌張，也不要擔心，就讓他們自己去長大，就讓他們自己處理自己的事情，而你做好自己、盡好自己的本分，把自己照顧好，也許，之後他們就成長了。

人生走過很多的生老病死，開始漸漸地學會了釋懷。

在年輕的時候，你覺得人生的課題跟你好像毫無關係，年紀增長了之後，知道世間的路必須要經過生老病死的學習與接受。

在人生的一開始，我們有著生命力，有著衝動，有著動力，讓我們去完成自己的夢想，完成自己人生的使命。

面對了年紀的增長，我們開始要去面對孤獨的感觸，生病、無常、生命的消逝。在這些過程當中，我們可能漸漸地失去親人，失去了朋友，這些過程都是為了要讓我們自己懂得珍惜生命，懂得照顧自己。

大家聽到這些過程，可能會覺得很辛苦，但是該學習的，卻是感恩跟珍惜，珍惜現在還在我們身邊的家人朋友，珍惜現在還不斷地照顧你、對你付出的家人、朋友，因為他們不離不棄，才能夠成就現在的你。

而我們心裡面要有所感恩，感恩這一切，感恩大家互相的陪伴，這一世的情長，才能夠一直不斷地延續到來世；也許，你不想要有來世，那種情誼與情緣也能夠延續到未來，大家一起在天上跟著菩薩學習。

我們的靈魂，終究有一天是要跟著菩薩回家的。

在人世間當中的學習，雖然很痛、很難、很辛苦，但如果我們願意以開放的態度去學習，我們會知道，學習是多過於磨難的。

每一個過程如果都是學習，那麼磨難就會覺得少一點了。

認真地活在當下，接受現在當下所發生的事情，不要埋怨，只要盡力而為就可以了。

而所有的成就，都會來自於你對自己的信念，因為你相信自己，你知道自己這一路走來，你無愧於天，也問心無愧，這樣就夠了。

菩薩會看見所有的過程，菩薩知道你辛苦了，那麼，這人生當中也能夠變得更有意義了。

所以一定要告訴自己：不管如何，我要擁有一個強烈的信念告訴自己，菩薩一直都在，菩薩永遠都在我的心裡，菩薩永遠都在我的身邊保護著我。

我不需要害怕，我不需要緊張，我不需要恐懼，因為有一雙強而有力的臂膀跟著我、保護著我，有菩薩在身邊護持著我，所以我不需要害怕。

我們的人生就因為有菩薩，而菩薩就因為是大慈大悲救苦救難的觀世音菩薩，所以讓我們無所畏懼。

菩薩一直跟在我們的身邊，菩薩一直都在我們的心上，所以我們不需要害怕。

擁有堅強的信念，就能夠帶領我們往前進，然後我們會擁有更加圓滿、更美好的人生，因為菩薩一直都在。

只要你心裡面有需要、有請求、有祈願，菩薩一定會完成我們的祈願，只要你常常稱唸：南無觀世音菩薩！南無觀世音菩薩！南無觀世音菩薩！南無觀世音菩薩！南無觀世音菩薩！南無觀世音菩薩！南無觀世音菩薩！南無觀世音菩薩！

菩薩處處現，菩薩時時都在，菩薩就在我們的心上。

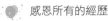

而你是菩薩的孩子，菩薩會盡可能的安撫你累世的靈魂，讓你的靈魂不再遭受到苦難，不再遭受到痛苦，不再受傷。

雙手合十，請求菩薩療癒我們受傷的靈魂，請求菩薩給我們這一世更多的智慧跟更多的勇氣，去面對現在這一生的課題！
感恩所有的經歷，豐富了我們的人生。

{好書推薦。}

智在心靈 044

不在乎，是因爲放下了

暢銷作家　黃子容 著

因為困境與傷痛
你需要放下
學習讓這些傷痛過去
原諒過去不完美的自己
有一天，當你不在乎的時候
其實已經放下了

{好書推薦。}

智在心靈 045

別讓魔鬼住進你心裡

暢銷作家　黃子容 著

別讓魔鬼住進你心裡
負面情緒可以有
但不能有魔鬼想法與欲念
唯有愛與善
化解魔性人自在

{好書推薦。}

智在心靈 046

愛無敵，善無懼

暢銷作家　黃子容 著

愛無敵，善無懼
有愛就是無敵
有善一切無懼

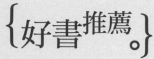

{好書推薦。}

智在心靈 047

生死別離，愛永遠在

暢銷作家　黃子容 著

愛別離，生死苦

都是人生中離以承受之重

好好練習說再見

面對生死別離

我們知道，愛永遠在

{好書推薦。}

智在心靈 048

快樂生活的日常

暢銷作家　黃子容 著

享受生活，尋找快樂

每一件小事物都可以讓你的心

找到可以快樂的理由

人生煩惱的事物很多

我們應該尋找屬於自我

快樂生活的日常

{好書推薦。}

智在心靈 049

起心動念

暢銷作家　黃子容 著

念轉運就轉

起心動念

一心一念力

一念一世界

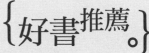

國家圖書館出版品預行編目資料

活著，就是要勇敢 / 黃子容著. -- 初版.
-- 新北市：光采文化，2018. 05
面； 公分. -- (智在心靈；50)
ISBN 978-986-6676-95-6(平裝)
1. 人生哲學 2. 生活指導
191.9 107007173

智在心靈 050
活著，就是要勇敢

作　　者　黃子容
主　　編　林姿蓉
封面設計　顏鵬峻
美術編輯　陳鶴心
校　　對　黃子容、林姿蓉
出 版 者　光采文化出版事業有限公司
新北市永和區中正路454巷6-1號1F
電話：(02) 2926-2352
傳真：(02) 2940-3257
http://www.loveclass520.com.tw
法律顧問　鷹騰聯合法律事務所　林鈺雄律師
製版印刷　皇輝彩藝印刷事業有限公司

2020年03月初版二刷

總經銷：大和書報圖書股份有限公司
地　址：新北市新莊區五工五路二號
電　話：(02) 8990-2588
傳　真：(02) 2290-1658

定價 300 元
ISBN 978-986-6676-95-6
Printed in Taiwan

luminosity

luminosity luminosity luminosity
luminosity luminosity luminosity luminosity
luminosity luminosity luminosity luminosity
luminosity luminosity luminosity luminosity
luminosity luminosity luminosity luminosity
luminosity luminosity luminosity luminosity
luminosity luminosity luminosity luminosity
luminosity luminosity luminosity luminosity

luminosity